JN249549

ENERGY

Building Social Infrastructure for Local Partnership

エネルギー・ガバナンス

地域の政策・事業を支える社会的基盤

的場信敬　平岡俊一　豊田陽介　木原浩貴

GOVERNANCE

学芸出版社

はじめに：脱炭素社会へ加速する世界

　2015 年 11 月 30 日〜12 月 12 日にかけてフランス・パリにて国連気候変更枠組条約第 21 回締約国会議(COP21)が開催された。COP21 には 196 の国と地域が参加し、全会一致で「パリ協定」が採択された。その後アメリカや中国をはじめとする多くの国と地域が批准したことで、2016 年 11 月 4 日にパリ協定は国際条約として発効した。世界は温室効果ガス「排出ゼロ」の未来に向けて、大きな一歩を踏み出した。この時、日本政府は批准手続きが遅れ 11 月 4 日の発効には間に合わず、11 月 8 日に批准手続きを終えることになった。

　パリ協定には、産業革命前からの平均気温上昇を 2℃未満とし、1.5℃に向けて努力することや、今世紀下半期のうちに温室効果ガスの排出を「実質ゼロ」にする中期目標を設定することが含まれている。これにより国際社会は今後温室効果ガスを排出しない社会＝「脱炭素社会」を目指すことに合意したことになる。脱炭素社会の実現のためには、省エネとともに、必要なエネルギーをすべて太陽光、風力、水力、バイオマスなどの二酸化炭素（CO_2）を出さない再生可能エネルギーで賄うことが必要になる。

　少し前まで再エネ 100％は夢物語だと思われていた。しかし、ここ 10 年間で再エネを取り巻く環境は大きく変わった。世界中の国々で 2050 年までに再エネ 100％の実現が可能という研究もある（WWF（2017）ほか）。

　国際環境 NGO の The Climate Group が 2014 年に発足させた 100％再エネによる事業活動を目的とするイニシアチブである「RE100」には、金融、IT、製造業を中心に世界の名だたる企業 119 社（2018 年 1 月 22 日現在）が加盟している。「RE100」が 2017 年 1 月 17 日に発表した「2017 RE100 Annual Report」によれば、すでに 100％目標に達した企業は Microsoft や Starbucks、Swiss Post などを含む 18 社に及ぶ。このほか Apple や Google でも 100％達成間近となっている。

　また COP21 では、再エネへの転換を訴える「アフリカ再生可能エネルギーイニシアチブ（Africa Renewable Energy Initiative）」が発足し、アフリカおよび途上国における再エネの加速的普及を目指すことが発表された。COP22でも途上国 48 カ国が再エネ 100％目標を改めて掲げた。

こうした再エネ100％を目指す背景には、再エネの急速な成長とそれに伴うコストの低下と波及効果がある。2014年推計値では世界全体で再エネが最終エネルギー消費量に占める割合は19.2％となり、原子力発電（2.5％）を大きく上回る。発電量に占める割合では2015年には約24％になった。先進国では電力比率でドイツが30％以上、スペインが44％、デンマークが56％になり、なかにはパラグアイやコスタリカなど自給率が100％を超える国、地域も生まれ始めている。

　国だけでなく各国の州や地域レベルでの再エネ100％に向けた取り組みも広がっており、とりわけ欧州では国や地域単位で積極的な再エネ目標が掲げられるようになっている。ドイツでは153の地域が再エネ100％の地域づくりに取り組むことを宣言している。このほかハワイ州（2045年）やバンクーバー（2035年）、シドニー（2030年）などの都市部でも再エネ100％を掲げている。

　日本でも少しずつ再エネ100％を目指す流れが生まれている。都道府県では福島県が2040年に再エネ100％を、長野県では2017年度には再エネ発電設備容量で100％を達成する目標を立てている。市町村でも南相馬市が2030年頃にほぼ100％を、宝塚市が2050年に電力比率100％を掲げている。しかしながら日本全体で見れば、こうした地域はごく一部にとどまっている。

　どうすれば、日本でも欧州のように地域エネルギー政策を推進できるのか。本書は、その命題を解き明かすべく、国内外の多くの地域を調査し、得られた知見をまとめたものである。

　序章では、エネルギー・ガバナンスの捉え方と本書の目的を解説する。1章では日本の再エネ・省エネ政策と事業の変遷について整理し、2章では国内外の先進事例を紹介する。3章、4章ではエネルギー政策の担い手とその役割について検討する。5章では自治体政策の質を担保するしくみについて、6章、7章では知的・人的基盤を支える国内外の中間支援組織について紹介する。そして終章では地域エネルギー・ガバナンスを構築するための課題について整理する。

　本書が、専門家の方だけでなく、地域エネルギー政策を担う自治体職員やNPO、事業者の方々の取り組みを後押しするものとなることを筆者一同願うものである。

目次

3章
エネルギー・ガバナンスにおける地方自治体の役割 的場信敬 85

4章
地域エネルギー事業の担い手 木原浩貴 103

5章
欧州のエネルギー自立を推進する制度 ············· 豊田陽介　131

6章
欧州の地域主体を支える中間支援組織 ············· 平岡俊一　147

7章
日本での中間支援の推進 …………………………………… 平岡俊一 173

終章
地域エネルギー・ガバナンスの構築に向けて … 平岡俊一 191

本書で取り上げる地域

ENERGY GOVERNANCE

序章
地域エネルギー・ガバナンスとは

的場信敬

1 地域エネルギー・ガバナンスとは

　2011 年に起きた東日本大震災における福島第一原発事故以降、日本でも原発政策をはじめとするエネルギー政策について、学界や地域の現場においてさまざまな議論が真剣に交わされるようになった。事故後の悲惨な状況は、エネルギー源の転換の議論を促進させ、同時期に始まった固定価格買取制度（FIT）や電力自由化の政策的要因もあり、再生可能エネルギー（以下、再エネ）の議論や実装は、もはや当たり前のこととして日本社会に根づいた感がある。そのような社会的な流れとともに、関連する書籍もこの数年間に充実してきた（例えば、滝川編（2012）、上園編（2013）、諸富編（2015））。

　東日本大震災はまた、地域の過疎化や地域経済の衰退といった日本の現在の社会課題を改めて浮き彫りにした。強制的に分断・縮小を余儀なくされた東北のコミュニティの疲弊した姿は、日本の多くの中山間地域の数年後の未来を先取りしているともいわれる。このように 2011 年以降の日本は、「エネルギー源の転換」と「地域社会の持続性」という二つの大きな課題を突きつけられてきた。それはまた、先進諸国が今後直面する共通の課題でもある。

　本書で我々が試みたことは、地域におけるこれら二つの課題を別々に捉えずに、むしろエネルギーに関する政策や事業を地域社会の持続性を実現するツールとして活用することで、地域社会の課題に包括的に取り組む方策を検討することである。いい換えれば、エネルギー政策を中核に据えた新たな地域運営（ガバナンス）のあり方を提起することである。

　電気や熱といったエネルギーは、いうまでもなく人間の最低限度の生活を担う基礎となるものであるが、それだけにその生産や販売は、地場産業の衰退や人材の不足に苦しむ地域の新たな産業としての可能性を秘めており、実際に本書で紹介する国内外の先進事例でも、エネルギー関連産業を活用した地域再生の事例が多く存在する。また、特に省エネルギー（以下、省エネ）の推進や再エネの導入は、新たなライフスタイルや価値観を提起する機能も果たし、それがまた、地域に人を呼ぶ新たな方策にもつながっている。

　本書では、このようなさまざまなエネルギー関連事業や再エネ・省エネの方策を広くエネルギー政策と捉え、これを中核に据えた地域運営のあり方を

「地域エネルギー・ガバナンス」と呼んでいる。このエネルギー・ガバナンスが機能するための諸要素（これを本書では「社会的基盤」としている）が成立する要件を検討することで、エネルギー政策が地域社会の課題解決に貢献する可能性を提示していく。

そこで本章ではまず、このエネルギー・ガバナンスのほか、地域協働型、社会的基盤といった本書のキーワードを説明することで、筆者らの課題の捉え方を説明しつつ、本書の目的をさらに明らかにしていきたい。

2 本書の意味する「地域」

本書では、地域におけるさまざまな協働型の取り組み・政策を通したエネルギー・ガバナンスの実現を検討しているが、ここでいう「地域」とは、基本的には基礎自治体レベルを指している。コミュニティや個別プロジェクトのレベルだけを対象にすると、地域社会へのインパクトや継続的な社会変革を考える際には不十分で、逆に都道府県レベルまで広げると、地域自治における主体間連携や事業・政策を考える上で具体性に欠けるからである。

一方、基礎自治体間の協働による広域連携については、今後その重要性が増すと考えている。特に農村部の小規模自治体では、これまでのフルセット型の公共サービスの提供を行う体力をもはや備えておらず、また、交通政策や気候変動問題、森林資源やゴミなどのバイオマスの活用といったエネルギー問題は広域に影響を及ぼす分野が多い。広域連携では、自身の自治体のみならず広域の利益を考え共有する必要があり、そこにその難しさがあるが、海外では広域連携によるエネルギー政策の成功事例が多く存在する。そしてその連携のプロセスや実践においては、国や都道府県といった上層の政府との政策連携がしばしば重要な意味を持つ（3章参照）。

3 「ガバナンス」の射程

「ガバナンス」という言葉はそもそも、「国を統治すること、企業や組織をコントロールすること」（Oxford Advanced Learner's Dictionary）というよう

に、上から人や組織などをコントロールするという意味を持つが、現在ではコーポレート・ガバナンスや医療ガバナンス、福祉ガバナンス、リスク・ガバナンスなどさまざまな分野で多様な使われ方をしている。その意味する内容も、対象や活動に対する成果（アウトカム）を意識するのか、あるいは成果を導くプロセスなのか、またはそれらを包含したその対象のあり方そのものなのか、定義に関する議論は尽きない（Bevir（2012）、大沢（2016））。

公共政策の分野でガバナンスという言葉がここまでの注目を集めた要因としては、1970年代以降の民主主義諸国の「統治能力」への疑問や、物質主義的価値観の変化による環境保護や平和、マイノリティの権利擁護など政治における多様な争点の出現（大山（2002）、岩崎（2011））、また1980年代の「持続可能な発展」の議論の国際的な展開などが挙げられる。特に、イギリスなど持続可能な発展の概念が政策理念として位置づけられた国では、国や地方自治体の運営における「参加と協働」の議論や実践が活発化し、「ガバメントからガバナンスへ」といわれるような公共政策の担い手や方法論の多様化が進んだ（的場（2017））。日本でも先進事例が紹介されるにしたがって[*1]、行政学や政策学の分野において、政策策定における意思決定プロセスや主体間の関係性などのテーマのなかで、ガバナンスの議論が重ねられてきた（大山（2002）、石田ほか編（2016））。

本書では、「ガバナンス」という言葉について、これまでの主体間の関係性など既存の要素を含みつつも、ガバナンスを「統治のあり方」というそもそもの広義な意味で捉え直して議論を行う。地域生活の全体に関わるエネルギー・ガバナンスは、「統治をめぐる主体の変化だけでなく目標や手段の変化についても、そしてさらには目標・手段・主体の相互関係をめぐる統治構造全体の変容についても視野に含んだもの」（宮永（2011））として検討する必要がある。本書の構成からもわかるように、社会的基盤が、制度、政策、人材、組織など多岐をカバーしているのはこの理由からである。

4 「持続可能な地域運営」に必要なこと

持続可能な発展の考え方は、ブルントラント委員会の「Our Common

Future」（WCED（1987））により国際社会で提起され、1992年の国連環境開発会議（地球サミット）において国連の「永久原則」になり、今日のSDGs（Sustainable Development Goals）への取り組みに至る。そこで首尾一貫しているのは、環境・社会・経済のいわゆる「トリプル・ボトム・ライン」を維持・発展させる包括的・統合的取り組みと、その取り組みにおける多様な利害関係者の参加と協働である（サックス（1993））。その根底には、経済至上主義的な発展によりもたらされた現代社会が抱えるさまざまな課題の解決には、あらゆる人々の英知を結集して、既存の発展のあり方を変革していく必要がある、という考えがある。つまりそれは、社会の発展に対する価値観の転換を人々に求めているということである（Trzyna, ed.（1995））。

　この点で、我々のいう地域エネルギー・ガバナンスの追求は、まさに地域の持続可能性を追求することにほかならない。ドイツ語で「エネルギー転換」を意味する「エナギーヴェンデ（Energiewende）」という言葉は、日本でもスローガン的に利用されるが、ドイツやオーストリアで「エナギーヴェンデ」という言葉を使う場合、単に原発や火力発電から再エネへのエネルギー源の転換や、パリ協定の目標追求だけを意味するにとどまらない。その活動を通して、地域に新たな経済的付加価値を生み出し、それを地域の公共サービスの充実に活用して生活の質を高めていくことで、ひいては地域のエネルギーや経済の自立を実現していくといった、地域社会の大転換のニュアンスを含んでいる。そこでは必ず、市民の参加や1人1人の意識の変革の議論や実践が伴う。

　地域エネルギー・ガバナンスの検討は、そのような地域社会のあり方そのものを対象としている。エネルギー政策を地域運営の中核に据えて、持続可能な社会を構築していくためには、例えば、「パッシブハウス基準」（省エネ建築の基準）など新たな建築技術の導入による林業や建築業といった地場産業の促進や、省エネ住宅を低所得者向けに活用する福祉政策、温室効果ガスを削減する再エネ・省エネに関する環境教育など、さまざまな地域政策と連携させていく必要がある。つまり、エネルギー政策が、誰によってどのように担われるかにとどまらず、地域社会の運営の中でどのように位置づけられるのかを、包括的に考える必要がある。

5　なぜ「協働型」なのか

このように、地域エネルギー・ガバナンスによる持続可能な地域社会の実現は、社会にさまざまな変革を求めている。これにはもちろん、エネルギー分野における技術革新や法制度の整備など社会的インフラの充実も含まれるが、もっとも重要なのは、市民1人1人のエネルギーや地域社会に対する意識の変革であろう。例えば仮に、先進自治体が素晴らしい再エネ基本条例や持続可能な地域戦略を策定したり、自動車メーカーが二酸化炭素をまったく排出しない安価で安全な水素自動車を開発したとしても、市民がこれらの問題を自分のこととして認識しなければ、これらの制度や技術は十分に普及せず大きな効果は期待できない。

このような、課題に対する市民の「オーナーシップ」については、これまでも市民参加や協働の場で常に議論されてきたが、我々の生活に直結しているエネルギー問題だからこそ、自分のこととして捉える価値や意識の変革が何より必要になる。

ここでいう「協働」とは、単にある事業における自治体と民間企業やNPOなどサードセクターとの連携にとどまらない。地域のあらゆる利害関係者がそれぞれの役割を認識して、エネルギー・ガバナンスに関与していくことが必要である。Selman（1996）は、「道徳的な義務や義理」を社会に対して感じ、さまざまな地域の活動に積極的に参画する個人や組織の持つ性質を「アクティブ・シチズンシップ」と呼び、地域の持続性を高める重要な要素として提唱したが、これはまさに地域エネルギー・ガバナンスの実現にも当てはまる。そうした市民が少しずつ増え、地域への愛着やプライド、そしてオーナーシップが高まることにより、「地域力」が醸成されていく（Young（1996））。

このような理論的説明は、近年のさまざまなエネルギー事業の先進事例からも裏づけられる。政策や事業の意思決定の中枢に利害関係者が最初期から関与し、市民の参画を常に意識した事業の展開が見てとれる。例えば、日本でも「エネルギー自治」の先進自治体として知られている岡山県西粟倉村や北海道下川町、長野県飯田市などは、各セクターの役割に程度の差こそあれ、常に市民が重要な役割を果たしてきた（平岡（2015）、諸富編（2015））。

オーストリアの自治体では、エネルギー政策を含めた地域の持続可能な発展のために、1990年代初頭に開発されたローカル・アジェンダ21やEUのLEADERプロジェクトといった協働型の取り組みが、現在も積極的に活用されている（3章参照）。これらの取り組み自体は、特に目新しい方法ではないが、それだけに、協働型の取り組みの普遍性が感じられる。筆者らがこれまで、国内外の多くの地域関係者から話を聞き常に感じてきたのは、しくみや制度の新規性もさることながら、個人や組織に限らず地域社会全体が同じ方向を向き、エネルギーや環境の課題と当たり前のように向きあい、連携して取り組む姿勢であった。地域エネルギー・ガバナンスの追求とは、まさにこのような社会の変革を具現化していくプロセスなのである。

6　地域エネルギー・ガバナンスを支える「社会的基盤」

　最後に、この地域エネルギー・ガバナンスが機能するために必要な「社会的基盤」について本書の考えをまとめておく。図1は、我々の文献調査および国内外の50を超える自治体やエネルギー関連組織へのヒアリングをもとに抽出した、エネルギー・ガバナンスが機能する地域社会のイメージである。

　社会的基盤とは、環境・経済・社会が地域において望ましい状態になる「支え」となるものである。具体的な政策や、政策を支える人材や組織、資金・

> **経済**
> ・活発な労働市場
> ・新たなエネルギー産業の創出
> ・地場産業の発展
> ・革新的なコミュニティ・ビジネス
>
> **社会**
> ・弱者にやさしい交通・住宅・福祉サービス
> ・安心・安全なまちづくり
> ・アクティブな市民
> ・地域のニーズに敏感な自治体
>
> **環境**
> ・気候変動への対策・適応
> ・森林資源の適正管理
> ・環境に負荷をかけないエネルギー
> ・生態系の保全
>
> **地域エネルギー・ガバナンスを支える社会的基盤**
> ・政治・行政のリーダーシップ
> ・関係者をつなぐ中間支援組織
> ・エネルギーを中心に据える条例や政策連動
> ・アクティブ・シチズンシップを涵養する教育・研修
> ・事業を促進する資金補助
> ・市民の自発的取り組みを支える結社の自由度やサポート体制

図1　エネルギー・ガバナンスが機能する地域社会のイメージ

資源の補助制度であったりと多岐にわたる。ここに挙げているもの以外にも　さまざまな基盤が考えられるが、大きく分類すれば、「政治・行政の意志（リーダーシップ）」、その「意志を実現する制度・政策」、それらの「制度・政策を支える人材・組織」の三つに分けることができる。本書では、その中の重要な要素について、その成立要件から今後の課題まで詳しく分析している。

　重要なことは、これらの社会的基盤は、それぞれ独立して存在するというよりも、むしろそれぞれが連携して相乗効果を生み出していく必要があるということである。特に、上に挙げた三つの要素は、そのどれが欠けてもエネルギー・ガバナンスを実現することは難しい。これらを常に確保するためには、繰り返しになるが、そのような地域社会のあり方に賛同し、政治家を選び・育て、地域での取り組みに積極的に参画するアクティブな市民の存在が不可欠になる。

＊1　例えば、サッチャー保守党政権以降の「新公共経営」やブレア新労働党政権の「第三の道」といった方法論は、現在でも日本の多くの自治体運営において参考にされている。

〈参考文献〉
・Bevir, M.（2012）*Governance: A Very Short Introduction*, Oxford University Press
・Selman, P.（1996）*Local Sustainability: Managing and Planning Ecologically Sound Places*, Paul Chapman Publishing Ltd.
・Trzyna, T. C.（ed.）（1995）*A Sustainable World: Defining and Measuring Sustainable Development*, Earthscan Publications Ltd.
・World Commission on Environment and Development（1987）*Our Common Future*, Oxford University Press
・Young, S. C.（1996）*Promoting Participation and Community-based Partnerships in the Context of Local Agenda 21: A Report for Practitioners*, The European Policy Research Unit（EPRU）
・石田徹・伊藤恭彦・上田道明編（2016）『ローカル・ガバナンスとデモクラシー』法律文化社
・岩崎正洋（2011）「序章　ガバナンス研究の現在」、岩崎正洋編『ガバナンス論の現在：国家をめぐる公共性と民主主義』勁草書房
・上園昌武編（2013）『先進例から学ぶ再生可能エネルギーの普及政策』本の泉社
・大沢真理（2016）「序章　ガバナンスを問い直す：何が問題か」、東京大学社会科学研究所
・大沢真理・佐藤岩夫編『ガバナンスを問い直す[I]越境する理論のゆくえ』東京大学出版会
・大山耕輔（2002）『エネルギー・ガバナンスの行政学』慶應義塾大学出版会
・滝川薫編（2012）『100％再生可能へ！欧州のエネルギー自立地域』学芸出版社
・平岡俊一（2015）「北海道における「持続可能な地域づくりに資する再生可能エネルギー導入」促進のための自治体政策と中間支援組織に関する研究」『平成26年度助成研究論文集』北海道開発協会開発調査総合研究所
・的場信敬（2017）「第7章　英国の「パートナーシップ文化」のゆくえ：「ビッグ・ソサエティ」概念の考察から」、白石克孝・的場信敬・阿部大輔編『連携アプローチによるローカルガバナンス』日本評論社
・宮永健太郎（2011）『環境ガバナンスとNPO：持続可能な地域社会への協働』昭和堂
・諸富徹編（2015）『再生可能エネルギーと地域再生』日本評論社
・イグナチ＝サックス著、都留重人監訳（1993）『健全な地球のために』サイマル出版会

ENERGY GOVERNANCE

1章
日本における地域エネルギー事業

豊田陽介・木原浩貴

1 エネルギー政策の変遷

1.1 3.11以後のエネルギー構成はどう変わったか

　日本の温室効果ガスの9割は化石燃料エネルギー由来の二酸化炭素（CO_2）のため、日本にとって、温暖化対策とエネルギー対策はほぼ同じ意味を持つ。2010年6月に策定されたエネルギー基本計画は、2030年までに原発を14基以上増設し、原発の電源構成比率（総発電量に占める比率）を53％まで引き上げる方針を盛り込んでいた。省エネルギー（以下、省エネ）や再生可能エネルギー（以下、再エネ）ではなく、原発による温暖化対策が志向されていたのである。

　ところが、2011年3月11日の東日本大震災による東京電力福島第一原発の事故（以下、3.11）を受け、政府はエネルギー政策を「脱原発依存」に大きく転換することになった。2012年9月には、省エネ・再エネを最大限に引き上げることを通じて、原発依存度を減らし、化石燃料依存度を抑制することを基本方針とした「革新的エネルギー・環境戦略」を決定した。しかしながら再度の政権交代の末、現政府は、2014年4月に再び原子力発電をベースロード電源（基幹電源）とする方針を記載したエネルギー基本計画を閣議決定し、新たなエネルギーミックス（電源構成）の検討を進めることとなった。

　2015年4月末、日本政府は新たな2030年のエネルギーミックス案を発表し、その後、2030年の温室効果ガスの削減目標を2013年比26％削減（1990年比18％削減）とする案を発表した。また、これを受けて、2015年7月に策定された「長期エネルギー需給見通し」では、2030年度の電源比率の目標値について、再エネは22〜24％程度、原発は20〜22％程度としている（図1）。

　一見すると原発比率の低下と再エネの大幅増大を両立したようにも見えるが、原発の運転期間を原則40年とすれば既存および建設中の原発がすべて稼働しても2030年の原発の比率は15％程度になることから、原子力発電の運転期間の延長と新増設を前提としたものであることは明白である。再エネ比率に関しても現在15％程度（うち大型水力が7.6％程度）であることから、年間1％程度の伸び率を維持すれば十分に達成できるという他の先進国に比

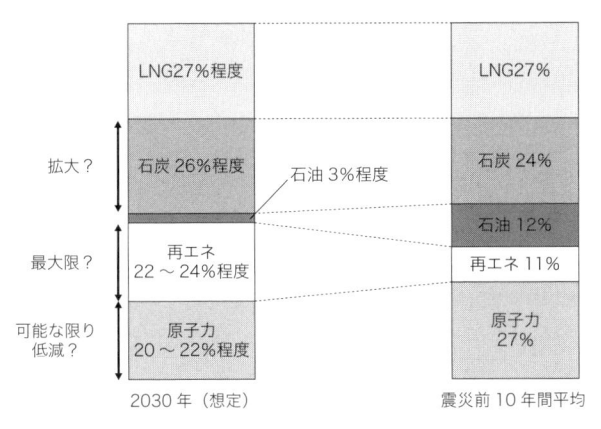

図1　日本政府による2030年のエネルギーミックス（出典：政府資料より筆者作成）

べて非常に低い目標といえる。

　さらに CO_2 を最も排出する石炭火力発電については、増加を許す内容になっている。2016年6月に発表された「平成28年度供給計画の取りまとめ」によれば、石炭の供給量は、2016年度に4,178万kWだったものが2025年度には5,060万kWとなり、10年で現状より20%程度も増加する。また、電源構成は現状で30%だったものが、10年後には31.9%とさらに増加する。その場合、政府が決定した2030年の電源構成とは大きく異なり、原発0.4%、再エネ20.1%、石炭31.9%、LNG28.6%と、石炭にさらに大きく依存するものになる。この見通しでは年間需要が年率0.5%の割合で今後10年増加していくという需要増を見込みながら、政府の石炭推進政策の後押しを受けて、長期エネルギー需要見通しをさらに上回る石炭利用を見通して計画を立てていることが見てとれる。2016年にCOP21で発効した「パリ協定」からも大きく逸脱している計画といわざるをえない。これでは、政府の2030年の電源構成の実現も、世界から「低すぎる」と酷評を受けている日本の温室効果ガス削減目標（2013年比－26%）すら達成できなくなる可能性がある。

　こうした日本のエネルギー政策の背景にあるのは、経済の成長とエネルギー消費量の増大は一体のものという考え方である。しかしながら2015年以降、世界で、また日本でも再エネの普及が進んだことにより、今までの日本の常識では不可能であった経済を成長させながら CO_2 を削減する「デカップ

リング」が進みつつある。環境・社会・経済が調和した持続可能な社会の実現のためには、再エネの普及が重要であることが証明されたともいえる。

（豊田陽介）

1.2　再生可能エネルギー政策の変遷、導入量の推移

　2003 年 4 月、日本では新エネルギーの利用促進を目的に、電力事業者に対して一定量の導入を義務づける「電気事業者による新エネルギー等の利用に関する特別措置法」（RPS 法）が施行された。しかしながら、電力事業者に課せられた目標量が極めて低いものであったために、目標が実際の導入量を抑制してしまう状況が生まれてしまった。特に、風力発電については、不安定な電力が系統に流れ込むことによる電力品質の低下（乱れ）を理由に、電力会社が毎年の新規導入量を制限するようになり、その導入は大きく停滞した。例外的に太陽光発電については、2010 年に買取価格の見直しが行われ、あわせて 2008 年に廃止された設備設置補助金の復活が行われたが、すべての再エネを対象とした全量買取制度の導入は見送られてしまった。こうした政策の不在は、再エネの普及が従来の産業や電力会社の既得権益を損ねるという古い認識を打破できなかったが故のものである。

　一方、世界では再エネから発電された電力を、一定期間、一定価格で買い取ることを保証する「固定価格買取制度（Feed In Tariff、略称：FIT）」と呼ばれる制度により急速に普及が進みつつある。REN21（2011）によれば、デンマークやドイツ、スペインなどをはじめ、およそ 90 の国と地域で FIT が導入され実績をあげている。

　日本でも東日本大震災を契機として固定価格買取制度についての検討が始まった。2011 年 8 月の国会で成立した「電気事業者による再生可能エネルギー電気の調達に関する特別措置法」（以下、再エネ特措法）は、電力会社への一定価格、一定期間の再エネ電力の買い取りを義務づける日本版固定価格買取制度（FIT）である。同制度では今後の再エネの普及の速度を決定づけることになる電力の買取価格や買取期間は、同法律の第 3 条第 5 項の規定にもとづき第三者委員会「調達価格等算定委員会」で算定し、それをもとに経済産業大臣が定めることになった。

買取価格と買取期間は、委員会の議論をもとに、それぞれの発電手段ごとのリスクを考慮に入れ、リスクが高いほど IRR（内部収益率）が高くなるように定められている。特に、施行後 3 年間は利潤に特に配慮するものとする法律附則第 7 条に従い、1％程度高い IRR となる価格設定が行われた。また、買取期間については、10kW 以下の太陽光発電を除いて 15 年または 20 年という、法定耐用年数を基礎とした期間が設定された。一定期間が保証されたことによって、事業者にとっては長期にわたり安定的な収入が予想しやすくなり、投資への安全性を高めるこができるようになったのである。こうして、国内での再エネビジネスへの投資が加速することになった。

　2012 年 7 月の FIT の施行後、再エネ発電のなかでも最も大きな伸びを見せたのが太陽光発電である。2011 年度末までの日本における太陽光発電の導入量は約 490 万 kW であったが、2012 年度末には約 690 万 kW、2013 年度末には約 1,400 万 kW と急成長を見せ、2017 年 1 月末でおよそ 3,200 万 kW になった（表 1）。FIT 施行前の太陽光発電の累積導入量が約 560 万 kW であったことから見ても、急速なペースで導入が進んだことがわかる。

　経済産業省の総合資源エネルギー調査会、省エネルギー・新エネルギー分科会、新エネルギー小委員会の資料から、日本の再エネ導入量の推移を見ると、2012 年度から 2013 年度にかけて、前年度比 32％増となっており、太陽

表 1　日本における再生可能エネルギー設備の導入状況（出典：経済産業省公表データより作成）

再生可能エネルギー発電設備の種類	固定価格買取制度導入前	固定価格買取制度導入後	
	2012 年 6 月末までの導入量	2017 年 1 月末までの導入量	2017 年 1 月末までの買取電力量
太陽光（住宅）	約 470 万 kW	461 万 kW	2,544,641 万 kWh
太陽光（非住宅）	約 90 万 kW	2,785 万 kW	7,101,776 万 kWh
風力	約 260 万 kW	67 万 kW	2,234,437 万 kWh
中小水力	約 960 万 kW	23 万 kW	533,713 万 kWh
バイオマス	約 230 万 kW	79 万 kW	1,841,861 万 kWh
地熱	約 50 万 kW	1 万 kW	13,316 万 kWh
合計	約 2,060 万 kW	3,415 万 kW	14,269,743 万 kWh

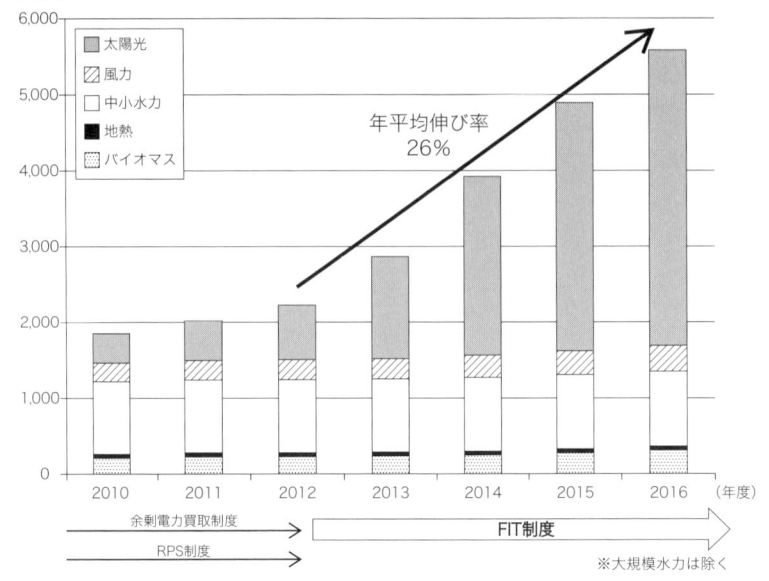

図2　日本における再生可能エネルギー設備容量の推移
（出典：総合資源エネルギー調査会 省エネルギー・新エネルギー分科会 新エネルギー小委員会資料）

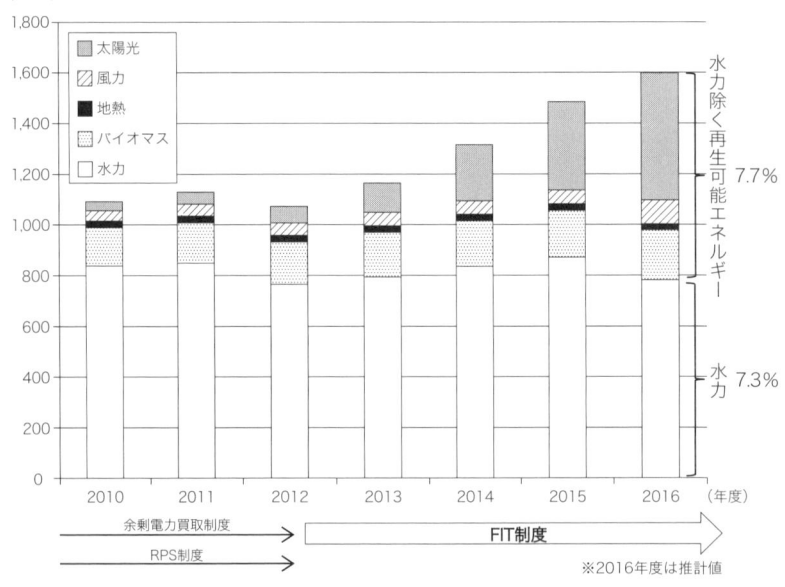

図3　日本における再生可能エネルギーによる発電量の推移
（出典：総合資源エネルギー調査会 省エネルギー・新エネルギー分科会 新エネルギー小委員会資料）

光発電が伸び率を押し上げていることがわかる（図2）。発電量においても同様の傾向が見られる（図3）。また、こうした急成長にともない、国別の太陽光発電の累積導入量ではドイツを抜き、中国に次ぐ世界第2位となった。

　さらに、買取価格の適用を受けるために必要となる設備認定手続を受けた再エネ発電設備の量は、2016年10月末までに約9,200万kWになった。このうち95%以上を太陽光発電が占めており、なかでも10kW以上の太陽光発電が37%、1,000kW以上の太陽光発電が55%を占めた。

　こうした太陽光発電を中心とした急速な成長によって、新たな障害も生まれている。2015年度以降の政策変更によって、東京・中部・関西電力エリアを除く電力エリアでは、太陽光や風力からの電力の出力抑制が上限なく実施されることが認められるようになった。また地域の送配電線への接続が困難になるローカル系統の制約によってポテンシャルはあっても接続が難しいといった問題が発生している。こうした問題を受けて新たな設備認定量は鈍化しているものの、すでに設備認定を受けたものが6,000万kW程度存在するため、今後、しばらく導入量は増加していくと見られる。

　日本の制度の課題点としては、竹濱（2011）によれば、第一に、目標値が法律に明記されていないこと。第二に、系統連系への優先接続が十分に保証されていないこと。第三に、送電系統の拡張にかかる費用負担について規定がないことが指摘されている。

　目標値については、法律では附則第10条において、前述した現在検討中のエネルギー基本計画に基づいて必要な改定を行うことになっており、原発をベースロード電源と位置づける現在のエネルギー基本計画が、買取制度にも大きな影響を与えていることは明らかである。

　また、再エネの普及には送配電網への接続が保証されていることも重要な要素になる。ドイツでは、配電事業者に再エネ発電所を自らの系統に、遅滞なく優先的に接続することを義務づけている。日本では優先接続の確保について「電気事業者による電気の円滑な供給の確保に支障が生ずるおそれがある」場合には送配電設備への接続を拒否できる、となっている。この点について明確なルール化を図り、電力会社独自の判断に委ねられないようにしなければならない。現在の各電力会社ごとに定められた上限を撤廃するととも

に広域的な電力会社間の連携を進め、変動電源の電源比率を高めていく努力が求められる。

　また、再エネ発電所から既存の送配電線に接続するために、新たに送配電設備を敷設することでかかる費用は、これまで事業者の負担となってきた。現在のように、再エネ資源があっても既存の送電線までの距離が遠い場合や、ローカル系統制約による設備の拡充費用を事業者に求めると、多くの場合、事業が成り立たない。そのため、今後は既存の送配電設備の拡張を進めていくとともに、接続に関する費用負担のルールを早急に整理していくことが必要となっている。　　　　　　　　　　　　　　　　　　　　　　（豊田陽介）

1.3　省エネルギー政策の変遷

　次に、日本のエネルギー消費量および省エネ政策の変遷について概観する。

　まず、戦後の復興期には、主に石炭でのエネルギー供給が行われてきた。それが高度経済成長期に入ると、急速に増大するエネルギー消費が石油で賄われるようになり、その消費量は急速に増加してきた。転機が訪れたのは、二度のオイルショックである。当時石油依存度が 7 割を超えていた日本にとって原油価格の急速な上昇は国民生活に大きな影響を与えることとなり、エネルギー供給構造の大きな見直しが必要となった。こうしたなか、「省エネの推進」は、「石油の安定供給の確保」「石油代替エネルギーの開発導入の促進」と並んで日本の総合エネルギー政策の 3 本柱の一つに掲げられ、対策が進められた。1978 年には「ムーンライト計画」がスタートし、省エネ技術開発が促進され、1979 年には「エネルギーの使用の合理化に関する法律」（省エネ法）が制定・施行されて、工場・建築物・機械などの省エネに関する規制内容や各分野において事業者が取り組むべき内容が明確化された。結果、1980 年代半ばまでは、経済成長をしつつもエネルギー消費量は増加しないという状況を実現することとなる（資源エネルギー庁（2005））。

　しかしながら、1980 年代後半からエネルギー消費は再び急速に拡大した（図 4）。この間、省エネ法による工場規制の強化、住宅の省エネ基準の強化、家電製品の省エネラベルの開発などさまざまな省エネ政策がとられてきた。これらは一定効果をあげたとされているが（例えば、木村・野田（2010））、

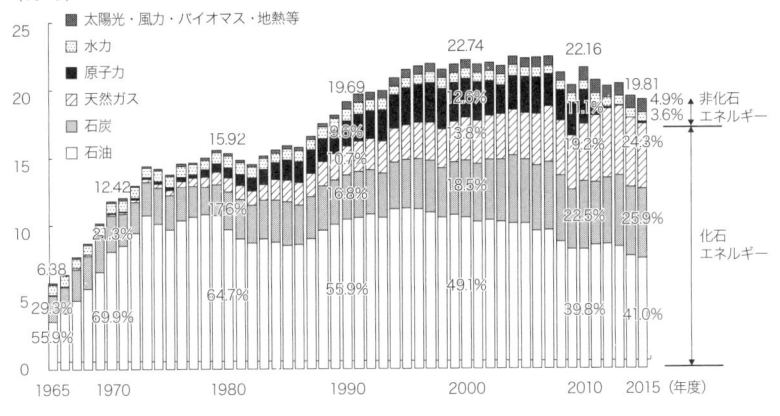

図4　日本における一次エネルギー供給の推移（出典：資源エネルギー庁「平成28年度エネルギーに関する年次報告」）

その後も 2000 年代後半までエネルギー消費量は増加し続けることになる。その後、リーマンショックによる一時的な経済縮小、そして3.11 を契機とする省エネ意識の高まりなどから、エネルギー消費量は緩やかに減少に向かいつつある。

　最終エネルギー消費の変化を部門別に確認すると、大きな割合を占めているのは産業部門である（図5）。産業部門エネルギー消費は、1970 年代からほぼ横ばいで推移をしてきている。産業部門のエネルギーは、一部のエネルギー多消費産業によってその多くが使われており、エネルギー消費量上位1,000 社だけで、省エネ法のエネルギー管理指定工場による消費量の大半を占めていると指摘されている（木村・野田（2010））。もちろん、これらの産業に関してもすでに省エネが進んでいると指摘されているが（杉山（2010））、パリ協定の目標達成に向けてこれら少数のエネルギー多消費事業所での対策は欠かせない。

　一方で、エネルギー消費量が大きく増えてきた部門は運輸部門、家庭部門、業務その他部門である。これらの部門は、産業部門と異なり極めて小規模で多数の主体によって構成され、地域のあり方や個人のライフスタイルに大きく関係する。これらの分野に対しても省エネラベルなどの施策が行われており、個々の機器・設備の効率改善は進んできた。しかしながら、世帯数の増

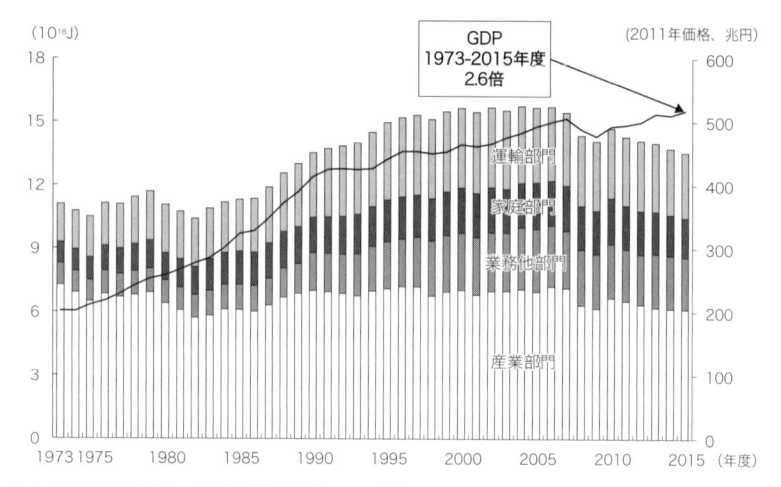

図5　日本における最終エネルギー消費と実質GDPの推移（出典：資源エネルギー庁「平成28年度エネルギーに関する年次報告」）

加や所有する設備数の増加などさまざまな要因から、大幅な省エネには向かっていない。こうしたなか、昨今の社会的要請を受けて、戸建て住宅を含むすべての新築建築物の省エネ基準の適合義務化が2020年に予定されるなど、政策の強化が図られているところである。

　さて、日本は「省エネ先進国」と呼べるのであろうか。

　実は、省エネがある程度進んだといわれる現在であっても、日本のエネルギーのうち有効利用されているのは3分の1だけで、残りの3分の2は排熱として捨てられており、まだ大きな省エネ余地がある。そして、技術的にはすでに確立された省エネ策を導入することで、大幅な省エネが可能であると指摘されている（歌川（2015））。

　また、他国との比較でいえば、環境省中央環境審議会が2017年に取りまとめた「長期低炭素ビジョン」がさまざまなデータをもとに興味深い指摘をしている。1人あたりGDPと、GDPあたりの温室効果ガス排出量は、2000年頃まで日本は世界最高水準にあったが、その後は国際的順位を大幅に低下させているというのである。世界各国の「炭素生産性」（温室効果ガス排出量あたりのGDP）の推移を見ると、日本が1990年代半ばからほぼ横ばいにあるのに対して、イギリス、フランス、ドイツ、デンマーク、ノルウェー、スウェーデンといった国々は大幅に改善しており、日本はこれらの国に一気に追

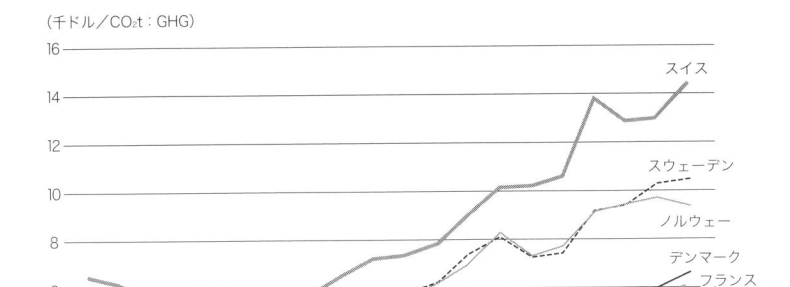

(千ドル／CO₂t：GHG)

GDP：OECDS tatistics「National Accounts」、内閣府（2016年12月）
GHG：IUNFCCC, GHGData, New reporting requirements（アメリカはUNFCCC, National Inventory Submissions 2016）

図6　世界各国の炭素生産性の推移（当該年為替名目 GDP ベース）（出典：環境省中央環境審議会「長期低炭素ビジョン」）

い抜かれ、水をあけられつつある（図6）。それでも「工場などの製造業の省エネはトップクラスのはずだ」と思われるかもしれない。しかし、第二次産業とそれ以外の産業を分けて分析しても、この傾向は変わらない。なお、炭素生産性ではなく「エネルギー生産性」に目を向けても、日本の数値は改善しているもののやはり他国と比べて改善スピードは劣っている。つまり、日本は、かつては省エネ先進国であったが、現在では必ずしもそうはいえない状態になっている。

　日本で炭素生産性が改善しない理由として、長期低炭素ビジョンは、①製品1単位あたりの付加価値率が低下したこと、②石炭火力発電所の増加によって CO₂ 排出量が増加したこと[*1]、③規制緩和などによって都市の拡散が進み、自動車走行量と建物の床面積が増加していることを挙げている。よって、①量から質の経済への移行を進めて炭素生産性の「分子」を大きくするとともに、②エネルギー源の低炭素化および、③コンパクトシティ化の推進によって、炭素生産性の「分母」を小さくする政策が必要とされている。

（木原浩貴）

1.4 地域エネルギー政策の不在

　再エネは従来の化石燃料による大規模集中型の供給体制とは異なり、小規模分散による地域供給を基本とする。そのため再エネへの転換を進めるということは、単に供給源となるエネルギーの種類を切り替えることのみならず、小規模分散に合わせた需要、系統、体制、市場への転換を意味することになる。エネルギーは私たち市民の経済活動や生活基盤を支えるライフラインであるにもかかわらず、その基本的方向性や政策を主導するのは中央政府の役割であり、その管理・運用は民間のエネルギー事業者に委ねられてきた。これまで市民や地方自治体はエネルギー問題にほとんど関与してこなかったし、また、その機会も与えられてこなかった。

　実際に地域におけるエネルギー政策は、3.11 以前は温暖化対策の一分野であり、省エネ・節電対策や新エネルギー技術・設備導入などの一対策として実施されるにとどまっていた。こうした省エネ・再エネ関連の対策を推進する政策としては、地方公共団体等が新エネ・省エネの導入・普及を進めるための「地域新エネルギー・省エネルギービジョン」の策定などに要する費用に対して補助する事業が新エネルギー・産業技術総合開発機構（NEDO）によって実施されていた。これらのビジョン策定件数は、2008 年から 2011 年3 月までに 1,946 件になる。新エネビジョンは、都道府県では北海道を除いた46 団体（98%）、市区町村は 829 団体（47%）が策定済みである。省エネビジョンは、都道府県で 34 団体（72%）、市区町村は 284 団体（16%）が策定済みである（NEDO（2011））。策定数を見ればかなりの自治体がエネルギービジョンを策定しているものの、エネルギービジョン自体の位置づけは温暖化対策におけるエネルギー対策の可能性をまとめたものであり、近年の地域エネルギー政策で重視される地域経済効果や地方創生などの付加価値を生み出す対策としての認識はされずにきた。

　それが 3.11 の発生によって、エネルギー政策が大きな課題となり、同時に自治体にとっても喫緊の政策課題として位置づけられる状況が生まれた。

　NPO 法人気候ネットワークでは、都道府県や市町村における温暖化対策やエネルギー対策の進捗状況や課題などについて把握することを目的に、2013年 1 月から 3 月にかけて、全国の都道府県、政令市、近畿圏の全市町村を対

象にアンケート調査を行った。その結果、「自治体にとっても地域単位での独自のエネルギー政策について検討していくことは、今後の政策課題として重要であるか」との設問に対して、「大変そう思う（26.8%）」「そう思う（43.6%）」を合わせると70%以上が重要な政策課題であると捉えていた。特に政令市で90%以上、都道府県では85%以上と、市町村（59.8%）に比べて高い割合を示した。同様に「地域単位で省エネルギーの推進や再生可能エネルギーの活用などを進め、地域でのエネルギー自給率向上に取り組むことも自治体の役割であると考えるか」との設問についても、「大変そう思う（26.8%）」「そう思う（47.5%）」を合わせて、70%以上がエネルギー自給率向上に取り組むことを自治体の役割として捉えていた。

このように3.11を経て、日本の自治体もエネルギー政策を自らの領分として捉え直し、再エネの活用を考え始めるようになったのである。（豊田陽介）

2　エネルギー事業による地域再生

2.1　再生可能エネルギー事業による地域再生

日本の再エネの電力比率は大型水力を除くとわずか7.3%（2016年度、自家発電の自家消費を含む）に過ぎない。パリ協定で示された温室効果ガスの排出量実質ゼロや再エネ100%社会の実現を目指すためにも、再エネの大幅導入を妨げてはならない。今必要なことは、再エネ導入に歯止めをかけることではなく、予見可能な買取価格の設定と全量買取を維持しながら、太陽光発電の事業コストの引き下げとともに、風力、バイオマス、地熱などの電源の早期拡大を進めることにある。

また、再エネ導入に必要な費用はコストではなく投資であり、私たちの生活の質を向上させることにもつながるものである。たとえ再エネ導入に必要な買取費用が増大したとしても、それ以上の経済効果を地域にもたらすことを実践とともに示していけば、国民の理解を得ることは決して難しくないはずである。国際再生可能エネルギー機関（IRENA）によれば、2015年までに再エネ関連で世界で810万人以上の雇用が生み出されている。日本でもすで

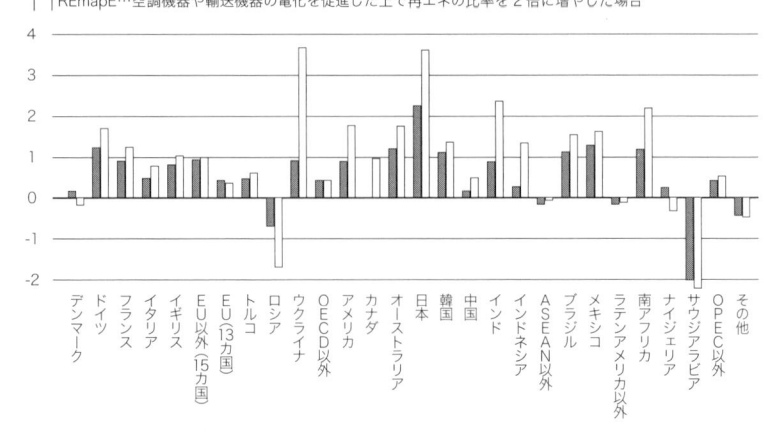

図 7　再生可能エネルギー導入量増加と GDP への影響
(出典：IRENA (2016) RENEWABLE ENERGY BENEFITS：MEASURING THE ECONOMICS)

に 38.8 万人の雇用が太陽光発電産業を中心に生まれているとのことだ。ま た、日本で 2030 年までに再エネを倍増させるシナリオを選択した場合には、 成り行きケースに比べて GDP は 2.3% 成長し、110 万人の雇用の創出につな がる。さらに再エネ電力比率をより高めるシナリオを選択した場合には、 GDP は 3.6% 成長し、130 万人の雇用を創出するという予測がある（図 7、 IRENA (2016)）。

　2011 年 7 月の固定価格買取制度（FIT）の施行以降、日本でも企業を中心 に再エネ事業への投資が始まった。事業者によって再エネの普及が進められ ることは、温暖化防止に向けた CO_2 の大幅削減のためには歓迎されることで はある。一方で、再エネは地域に根ざした資源であり、本来ならば地域資源 を活用することで得られる恩恵は、その地域の市民や住民に還元されるべき ものであることも忘れてはならない。地域で必要なエネルギーを地域の資源 で賄うことによって、富が地域外に流出せずに地域内に残り、地域の中で経 済循環が生まれることが期待できる。今後は電力だけでなく熱や燃料も含め て、地域にとって経済的にも、環境的にも持続可能となる最適なエネルギー システムのあり方を模索していくことが求められており、再エネ政策はこう した流れを加速させるものであるべきだ。　　　　　　　　　　（豊田陽介）

2.2　省エネルギー事業による地域再生

　日本の鉱物性燃料輸入量と輸入額は、それぞれ 2013、2014 年をピークに減少傾向にある（図 8）。輸入量に関しては、FIT によって再エネ導入量が劇的に増えたことに加え、LED 照明の普及などの省エネが進展してきたことがその要因と考えられる。輸入額に関しては、量の減少に加えて、原油価格が大幅に下落したことの影響が大きい。結果、2016 年の輸入額は約 12 兆円にまで減少した。これは、2014 年の半額以下である。

　下落したとはいえ、12 兆円という数字は決して小さいものではない。例えば、この金額は同年の自動車輸出額よりも大きい（財務省（2017））。また、同年の訪日外国人旅行消費額約 3.7 兆円の 3 倍以上の額である（観光庁（2017））。海外に支払っているこの資金を地域への再エネ・省エネ投資に回すことができれば、地域経済に好影響を与えることが可能となる。

　省エネは、すべての事業活動や日常生活に直結するという点が特徴的である。つまり、すべての人が即座にその担い手となることができ、その恩恵を享受することができる。これは序章で提起した「エネルギー・ガバナンス」という観点から見て、極めて重要である。そして、この場合の恩恵とは、単にエネルギーコストが下がるというだけではなく、地域のさまざまな課題の解決につながることをも含む。以下、住宅の省エネ化（断熱化）と中小企業の省エネを例に挙げてこの点について考えてみたい。

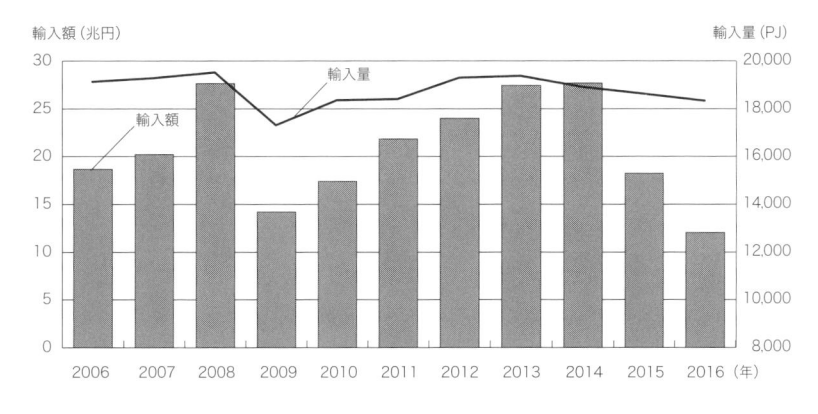

図 8　日本の鉱物性燃料輸入額と輸入量の推移（出典：財務省貿易統計をもとに筆者作成）

まずは住宅について。家庭でのいわゆるヒートショックによる死亡者数は、入浴中の事故だけに絞っても年間 1 万 7,000 人と推計されている（東京都健康長寿医療センター（2013））。年間の交通事故死亡者数は全国で約 4,000 名であり（内閣府（2016））、ヒートショックによる死亡者数は少なくとも交通事故死亡者数の 4 倍以上にのぼることがわかる。このリスクは都道府県によって大きな差があり、住居内の温度と相関が強いことが指摘されている（東京都健康長寿医療センター（2014））。

　また、住居内の温度が低いことは、ヒートショックのみならずさまざまな疾病の要因となっており、断熱性能が高い住宅に転居すると疾病が大幅に改善されることが、1 万人以上の追跡調査によって明らかにされている。そして、断熱性能向上のために必要な投資の回収期間は、エネルギー費削減だけで計算すると 29 年だが、医療費削減効果も加味すると 16 年へと劇的に縮小することが指摘されている（伊香賀ほか（2011））。

　つまり、比較的温暖で暖房費が少ない日本においても、光熱費のために支払っていたお金を住宅の省エネ性能向上に投資することで、消費者にとって経済的にメリットが生まれ、しかも快適性や安全性が大きく向上するといえる。支払われたお金は、地域の経済的付加価値となって地域を循環する。住宅、とりわけリフォームは、海外から製品を購入して販売する業種と違い、投資されたお金の多くは地元に還流することになる。住宅の省エネ化は、地域経済活性化、医療費の削減、快適性の向上、家計の節約などのさまざまな便益を地域にもたらす可能性が高い。

　次に、中小企業の省エネについて。日本においては、省エネは「絞り切った雑巾」と比喩されることもあるが、実際には、投資がほとんど必要ないか 3 年程度以内に投資回収が可能な対策が実施されないまま放置されているのが実情である。このことは、排出削減ポテンシャルを最大限引き出すための方策検討会（2013）、判治（2014）、国立環境研究所（2009）など多くの文献で指摘されている。とりわけ、中小企業における省エネの余地は大きい。

　中小企業庁（2010）は、製造業におけるエネルギーの投入比率（エネルギー投入額／生産額）の経年変化を大企業と中小企業とで比較し、大企業の効率改善速度に比べて中小企業の効率改善速度が遅く、その差が開いているこ

とを明らかにしている。日本のエネルギーの多くは一部の大企業によって消費されていることが明らかになっているが（木村・野田（2010））、気候変動防止の観点からは、それ以外の企業を無視できるわけではない。中小企業庁（2010）は、中小企業 の CO_2 排出割合は日本全体の 12.6％を占めていることを示した上で、「中小企業が二酸化炭素排出量の削減に取り組むことは、エネルギー経費の削減のみならず、我が国全体の温室効果ガス排出量の削減のために重要であることがうかがえる」としている。12.6％という数値は、エネルギー集約型産業を含む日本全体の温室効果ガス排出全体に占める割合であり、エネルギー集約型産業が少ない地域に限定して考えれば、その割合ははるかに大きくなる。

　負のコストで実施できる対策が実践されない原因は「省エネルギーバリア」と呼ばれ、若林ほか（2009）によって海外の既往研究をもとに理論的整理が行われ、木村（2009）、西尾ほか（2010）、水野（2012）などによって事例研究が積み重ねられている。特に中小企業は、限定合理性[2]などに起因する省エネルギーバリアを連続的に抱えており、これを克服するためには外部からのトータルサポートが必要である（木原（2015））。これが機能すれば、当該中小企業のコスト削減が可能となり、加えて、省エネ設備投資によって地域の金融機関や工事業者に資金が還流することとなる。また、中小企業が省エネを実現すると、さまざまな共便益（一石二鳥の効果）が生まれる。例えば、工場の温熱環境や空気の質の向上、火傷等のリスク低下、作業効率の向上、歩留まりの向上と廃棄物の減少などである。これらは、いずれも中小企業の活力の源となる。

　以上、住宅と中小企業の例で確認したように、省エネは、経済や健康、福祉などさまざまな面で地域に恩恵をもたらす可能性を秘めている。そしてこれを実現するためには、工務店や建築士、中小企業の経営者など、これまではエネルギー事業の担い手とは認識されてこなかったさまざまな主体が主役として活躍することが不可欠であり、それを支援する行政や中間支援組織の活躍が必要である。つまりは、省エネ分野における地域エネルギー・ガバナンスの構築が必要である。　　　　　　　　　　　　　　　　（木原浩貴）

3 地域エネルギー事業の状況

　次に、主に再エネ事業を中心にしながら、地域エネルギー事業の現状について整理する。どのような地域エネルギー事業があるのか、その変遷を紹介する。

3.1 再生可能エネルギー事業の変遷

（1）パイオニア的な市民による太陽光発電導入

　日本における太陽光発電の本格的普及は、1994 年から太陽光発電システムの住宅への補助金制度が開始され、さらに送電網への系統連系による電力買取りがスタートしたことで進んでいった。1994 〜 96 年にかけて設置費の50％が助成され、毎年、募集予定を数倍も上回る申請があった。1998 年からは工場などを対象とした NEDO による産業用フィールドテスト事業も始まった。このように当時の政策の主流となっていた太陽光発電設置にかかる費用を助成する補助金制度は、システム価格が非常に高額であった当時は、初期需要をつくりだし投資額を低下させるという点で有効な施策であった。こうした施策やメーカーの技術開発によって日本の太陽光発電導入量は 1999 年に世界第 1 位となり、生産量においても世界のシェアの 40％を占めるまでになった。

　しかしながら、最も日本の太陽光発電の普及に貢献したのは、パイオニア的な市民であったともいえる。それは当時の日本における太陽光発電の 6 割以上が市民により所有[*3] されていたことからも明らかである (図 9)。世界一となった日本の太陽光発電の普及は、利益よりも地球環境の保全に貢献したいと考える多くの献身的な市民によって支えられていたといえるのではないだろうか。当時の太陽光発電設備価格は急速に低下していったものの、近年のように家庭の電力料金と均衡するどころか、補助金をもらっても経済的には負担の方がはるかに大きい状況であった。では、なぜ市民は、経済的な不利益を被ることがわかっていながら、太陽光発電に取り組んだのであろうか？

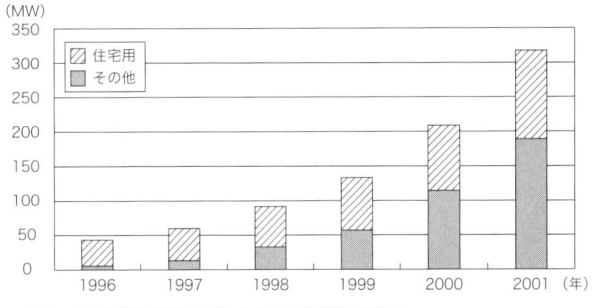

図9　日本の太陽光発電導入実績に占める市民所有の割合（出典：NEDOデータから筆者作成）

　その背景の一つとして、再エネは地域分散型という特徴から市民所有が可能なエネルギー資源であることが挙げられる。化石燃料は偏在する（地域格差が大きい）資源であるのに対して、再エネは地域に遍在する（広く行き渡っていてどこにでも存在している）地域資源である。特に太陽光は、日本国内では日射量にほとんど偏りがなく、また誰のものでもない非所有資源である。そのため、その利用についての規制やルールはなく、誰でも容易に利用することができる、開かれた共有資源である。このようなことから、太陽光発電は市民による所有が可能となる。

　また、このような再エネの持つ非所有性および小規模分散性という特徴は、資源の独占を防ぎ、地域の分権化を押し進めることにもつながった。こうした特徴は草の根の市民運動との親和性が高く、特に反原発運動においては、これまでの対抗型の運動から、再エネを取り入れることによって実現可能な代替案を提示する提案・実践型の社会運動への転換につながっていった。これは日本に限ったことではなく、オイルショック以降、先進国におけるエネルギー問題が急務の政策課題となるなか、それまでの石油・原子力などの巨大エネルギー技術やそれを内包する資本集約的な社会構造に対する批判としてのソフトエネルギー運動が浮上してきた流れとも共通している。

　日本では早くから太陽光発電に取り組む市民による交流が行われてきた。太陽光発電の導入初期段階には、特に情報が少なく、またインターネットの発達などが十分でなかったこともあってパイオニアたちはそれぞれの地域で孤立していた。

そのような状況を改善するために始まったのが、パイオニアによる交流会である。太陽光発電普及協会では、1994 年以来、太陽光発電に取り組む個人同士の交流を目的に、年 1 回の太陽光発電所長会を開催している。また、COP3 開催期間中（1997 年 12 月）に京都で開かれた「世界自然エネルギー発電所長会議」がきっかけとなり生まれたのが「自然エネルギーパイオニア会議」である。このような取り組みから再エネのパイオニアたちによる交流はスタートし、緩やかな個人のネットワークが形成されていった。このパイオニアたちの交流においても参加者の多くは環境・エネルギー問題を憂慮し、その転換の手段として太陽光発電に取り組んでいることが明らかになっている。

　寺田（1995）は、デンマークにおける風力発電を中心にした再エネ技術の推進は、多くの場合、より分権的で参加民主主義的な社会に向けての変革を志向する社会運動のなかで提起されてきたと述べている。デンマークの風力発電同様に、90 年代から 2000 年頃にかけての黎明期とも言える日本の太陽光発電の普及は、より分権的、民主的な社会への変革を求める市民の手によって進められてきた。

　その後も太陽光発電事業については、家庭向けの導入が中心となって進み、1997 年から 2004 年までの 8 年間、日本は太陽光発電導入量で世界 1 位になった。この間太陽光発電の普及に伴い設備価格も大きく低下したが、補助金価格も引き下げられたことで一定の導入は進んだものの大幅な伸びにはつながらなかった。そのため 2005 年には FIT 制度の導入によって急成長してきたドイツに抜かれ、その後も、差は開き続け、さらにはドイツに続いて FIT 制度を導入したスペインやイタリアなどにも抜かれてしまった。こうした状況を受けて日本でも市民団体などを中心に FIT 制度の導入を求める声が高まりを見せたものの、政府は市場メカニズムを活用する RPS 制度の導入を決め、電力会社に一定量の導入目標量の義務づけを行った。しかしながら前述したように RPS で定められた目標値は非常に低いもので、そのため大幅な導入につながるどころか日本における再エネ導入全体の伸びが停滞することになってしまった。

　こうしたなかでの市民・地域における再エネ導入の動きとしては、2 章で詳

述する「市民・地域共同発電所」の取り組みが継続的に進んだ。特に採算性の問題から寄付型の取り組みが中心であったなかで、2004 年から長野県飯田市において環境省の補助事業に採択されてスタートした、全国からの市民投資をもとにした太陽光発電導入事業は、公共施設の利用に加えて、保育園に設置された太陽光発電からの電力を市が固定価格で買い取るなど、行政との深い協働関係が構築されていた。この頃から、それまでの市民運動やボランティア的な活動から、事業性や採算性を確保し、地域経済に貢献していくことを目指すモデルの検討が行われるようになってきた。

そして 2011 年には日本でも FIT の導入が決定され、2012 年 7 月以降は大規模事業者や行政、さらには個人までもが経済的なメリットが得られることから太陽光発電事業に取り組むようになった。市民団体や地域にとっても FIT の導入は、採算性を確保した再エネ事業を展開することを可能とする大きな契機となった。市民団体、行政と市民によって構成される地域協議会、自治体、生協、地縁組織（自治会や同窓会など）、さらにはそれらの地域主体によって構成される会社組織による取り組みが見られるようになってきている。

また、太陽光発電事業の規模も拡大傾向にある。FIT が開始されるまでは 10kW 程度のものがほとんどであったのに対して、FIT 導入後は全量買取の対象になる 10kW 以上が一般的になり、徐々に大型化が進んできている。主に低圧の範囲に収まる数十 kW から 50kW をわずかに下回る規模のものが多く見られるようになり、近年は数百 kW 規模、さらにはメガソーラーなどの大規模な発電所も見られるようになってきた。市民・地域共同発電所でも、愛知の「にしお市民ソーラー」（約 2,000kW）や小田原の「ほうとくエネルギー」（約 980kW）などのように、メガソーラー級の設備も珍しくなくなってきた。事業規模の拡大の背景には、買取価格の低下に合わせて発電規模を大きくすることで kW コストを下げ、収益性を向上させることがある。

また、1 件あたりの kW 規模の拡大のほかに、近年では近隣地域内に複数の太陽光発電所をまとめて導入するケースも増えてきている。これは自治体の屋根貸制度の活用やファンド組成の効率化を狙ったもので、まとめて設備を導入することによってスケールメリットを効かせ、1 件あたりの単価を引き

下げることを狙ってのものである。飯田の「おひさま進歩エネルギー」や岩手の「サステナジー」、山口の「市民エネルギーやまぐち」、東京の「調布まちなか発電」などが、こうした手法で設備導入を行っている。

(2) 自治体主導による風力発電導入

　初期の太陽光発電の普及が個人を中心に進んでいったのに対して、風力発電は自治体がその普及を牽引していった。

　全国で最も早く、「風」をテーマにしたまちおこしを始めた町として有名なのが、山形県立川町である。立川町は、山形県の穀倉地帯、庄内平野の東部に位置し、人口は1990年当時で7,600人ほどである。夏は日本三台悪風の一つである清川だしと呼ばれる南東の風、冬は北西の季節風が吹く。特に夏に吹く清川だしは、稲の穂の脱粒や冷害をもたらし、農作物に甚大な被害を与える悪風として有名である。この風を逆手にとって立川町では、1993年に100kWの風車3基を設置し、4月から東北電力による「余剰電力買取制度*4」を利用した売電事業を開始した。

　当時国内では、電力会社が試験的に風力発電機を設置している事例がいくつかあったが、自治体が大型風車機を建設した事例は少なく、愛媛県瀬戸町（現在の伊方町）、石川県松任市（現在の白山市）そして立川町の3カ所のみであった。そういったことからも、立川町の取り組みは全国的に大きな注目を集め、1993年以降、たくさんの観光客が立川町を訪れ、ピーク時には年間10万人以上が訪れるようになった。それまで、全国的にまったく無名であった町が、風力発電のおかげで注目を集め、町に活気が生まれることになったのである。さらに、地域の新しい活性化事例として全国に情報発信されたことにより、全国から多くの自治体が立川町を手本にしようと視察に訪れるようにもなった。

　こうした反響を受けて、立川町と日本風力エネルギー協会は、日本全国の市町村による風力発電の情報交換の場となる「第1回全国風サミット」を立川町で開催した。この風サミットには12町村の自治体が集まり、電力会社、関連企業、学会などから約300人が参加した。その後も風サミットは毎年各地で開催され、1996年には、この風サミットのメンバーでもある18の市町村

を中心に「風力発電推進市町村全国協議会」が設立され、現在 43 の市町村が風力発電推進市町村全国協議会に参加し、日本における風力発電の普及促進を牽引してきた。

さらに、1996 年に事業用風力発電からの電力の購入を 15 ～ 17 年とする「長期電力購入メニュー」が電力会社によって示されたこともあり、1990 年代後半から 2000 年代初頭にかけて自治体を中心とした風力発電導入が進んでいった。高知県梼原町、岩手県葛巻町、三重県久居市（現在の津市）、北海道苫前町などの自治体ではまちのシンボルとして、またまちづくりにつながる取り組みとして風力発電の導入が進められた。例えば梼原町では、風力発電による発電収入を原資として、森林整備や木材を使った住宅改修、個人住宅への太陽光発電の設置などに対する補助金として活用するなど、地域資源による収益を地域に還元するしくみがつくられた。

しかしながら、その後、日本の風力発電導入量は低調な伸びを示すに止まっている。太陽光同様に RPS 法による目標値の低さに加え、電力会社による競争入札制度や系統保護を名目とする買取制限がその大きな足かせになった。それに加えて、原油価格の乱高下によって風力発電の本体価格や輸送費が大きく値上がりしたことや、建築基準法の風力発電への適用によって手続きが煩雑化し、工期の延長や費用が膨らんだことで、日本での風力発電事業の採算性がとれなくなっていった。そのため日本の風力発電は長らく停滞してきた。

そういったなか、市民が共同で出資し風力発電の建設・運営を行う「市民風車」の動きが広がっていった。これまで日本では自治体や企業が主体となって風力発電の普及を担ってきたが、2001 年に日本で最初の市民風車（はまかぜちゃん）が NPO 法人北海道グリーンファンドによって北海道浜頓別町に建設されて以降、全国各地で市民風車の計画が立ち上がり、建設が進められていった。

この市民風車は、市民がエネルギー生産者となるだけでなく、市民投資の実現と、地域活性化につなげることが主な目的である。例えば、青森県鰺ヶ沢町にある市民風車「わんず」の運営主体である NPO 法人グリーンエネルギー青森は、市民風車を 楔 として地域活性化のための活動を行ってい

る。市民風車では、出資者に配当をつけて出資金を返済する。この配当利率が地元ほど大きくなるように調整され、風という資源によって生まれる利益が地域により多く還元されるようになっている。ほかにも、風力発電からの売電量を活用したマッチングファンド事業として、地域活性化につながる事業に対する補助などを行っている。このように市民風車は、温暖化防止に加えて、過疎化対策、地域経済・地場産業の振興、コミュニティの再生など、さまざまな地域課題を解決する大きな可能性を持つ取り組みとして注目を集め、全国へと広がりを見せていった。

3.2 市民・地域共同発電所の広がり

市民・地域共同発電所は、市民や地域主体が共同で再エネの発電設備の建設・運営を行う取り組みである。そのために必要となる資金を、寄付や出資などの形で共同拠出すること、またそこで得られる発電収入は、出資者や地域に配当・還元されることが大きな特徴となる。筆者はコミュニティ・パワーの3原則[5]などを参考に、以下の4点を条件として、このうちのいくつかを満たすものを市民・地域共同発電所として定義している。

①市民や地域主体からの資金が一定の割合を占めていること
②その建設や運営にあたり市民や地域主体が意思決定に関わっていること
③収益の一定部分が何らかの方法で市民や地域に還元されるなどの地域貢献があること
④温暖化やエネルギー問題などの社会課題または地域課題の解決に寄与することを目指した取り組みであること

市民・地域共同発電所は、1994年に宮崎で始まり、1997年に滋賀において全国で2例目となる取り組みが生まれて以降、全国に広がりを見せてきた。筆者が2017年1〜2月に行った全国調査によれば、市民・地域共同発電所に取り組む団体の数はおよそ200団体、発電所数は1,028基になった。2011年の458基と比べても大幅に増加している。このうち、太陽光発電所は984基、大型の風力発電が30基、小型風車が10基、小水力発電が4基となった。前回調査時から風力や小水力がほとんど増加していないのに対して、太陽光発電は倍増している。この背景には、FITの制定によって、太陽光発電事業

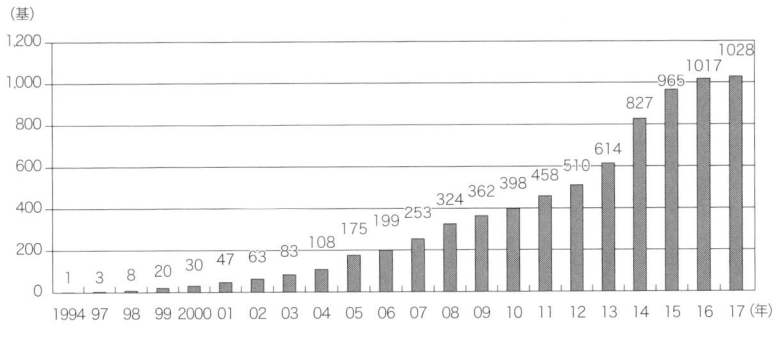

図 10 市民・地域共同発電所の推移（基数）（出典：全国調査結果に基づき筆者作成）

の採算性が確保できるようになったこと、また風力や小水力に加えて事業の
準備期間が短く、比較的リスクが少なく簡単に事業化できることから、市民・
地域共同発電所においても太陽光発電の導入が顕著に進んだことがある。

　各年の市民・地域共同発電所の導入実績の推移を見ると、FIT 施行後に急増
し、2014 年をピークに近年は鈍化傾向にあることがわかる（図 10）。特に
2016 年は FIT 以前の 2011 年と変わらないレベルにまで減少している。この
背景には、電力会社に系統連系に伴う出力抑制を認める制度改正の影響があ
ると考えられる。このほか近年のローカル系統への接続制約が市民・地域共
同発電所に対しても、大きな影響を与えているものと思われる。また、近年
の急速な設備価格の低下に合わせた買取価格の低下や、開始から 3 年が経過
し、太陽光発電の買取価格の優遇期間が終了したことも、少なからず影響を
与えていると思われる。

　都道府県別の導入実績を見ると、長野県が 353 と最も多く、全体の 3 割程
度を占める。続いて、福島県（92 基）、東京都（83 基）、京都府（50 基）、愛
知県（45 基）で導入が進んでいる。

　規模別の推移を見ると、「10kW 以上 50kW 未満」が 2012 年以降から増加
し、54％と最も多くの割合を占めていた。2012 年の FIT 制度施行によって
10kW 以上が全量売電の条件となったことがその要因と見られる。また近年
では 1MW を超える大規模な発電所も見られるようになった。事業規模の拡
大による kW あたりの価格の低下や、それに伴う事業採算性の向上、売電収
入の増加などを期待したものと考えられる。

規模の拡大に加え、資金調達や事業内容も多様化が進んでいる。近年では FIT の買取価格の低下や系統接続の制約や出力抑制などの問題から、発電から熱利用への転換や、ソーラーシェアリング*6 などの付加価値を持った事業の展開、地域新電力*7 との連携などが始まっている。

今後の展望として、「市民・地域共同発電所全国フォーラム」や「市民電力連絡会」「全国ご当地エネルギー協会」などのネットワークづくりを進め、そのなかで情報共有や、個々の団体では対応が難しい課題への対応や政策提案を行うことで影響力を高めていくことが期待されている。

デンマークでは、1978 年に「風力発電機所有者協会」が結成され、住民所有による風力発電の普及の中核となった。さらに 1980 年には「風力発電機協同組合（ギルド）」が誕生し、地域住民が共同所有で風車を建設する取り組みが広がっていった。同時にこれらの団体は政府や製造業者と協働して、現在までの同国における社会制度の基礎をつくりあげてきた。日本においてもこのような政策決定過程への影響力を持ったネットワークの形成が重要な課題となっている。

（豊田陽介）

4　地域エネルギー事業の課題

4.1　組織面での課題

欧州、とりわけドイツなどと日本の環境を比較した際に、エネルギー政策そのものもさることながら、事業を展開するための組織のつくりやすさ、出資の集めやすさなどの面においても大きな差があり、それが地域エネルギー事業の展開にも大きく影響を及ぼしている。ドイツでこれまで実施されてきた再エネ事業のおよそ半分は個人や農家、そしてエネルギー協同組合によるものである。近年その伸びは鈍化しているものの、2013 年までに 900 件近くのエネルギー協同組合が設立されている（Agentur für Erneuerbare Energien (2014)）。

さらに近年のドイツをはじめとする欧州での地域エネルギー自立の取り組みでは、自治体公社が大きな役割を果たしている。自治体公社は、電気やガ

スなどのエネルギーに加え、水道事業、ごみの収集、公共交通機関の運営などのインフラサービスを提供する公営企業である。自治体が100%出資しているケース、他の自治体と共同出資しているケース、民間と共同出資しているケースなどがある。

　もともと自治体公社は配電事業に関して地域独占状態を保っていたが、EU指令によって競争促進のために公社売却や民営化を迫られた。その結果、公社が保有していた配電網は徐々に民間電力会社が所有するようになっていった。しかし近年では、配電網利用権の契約更新のタイミングに合わせて、配電網を自治体が買い戻す「再公有化」の動きが活発化している。再公有化により、地域に安定した収益と雇用がもたらされ、エネルギー政策推進の主権も取り戻すことができる。発送電分離が実現していない今の日本では、一足飛びにドイツと同じようなことができるわけではないが、今後の地域エネルギー経営を考える上で参考になる点が多い。

　こうしたエネルギー協同組合や自治体公社が再エネ事業への投資を進めて、欧州における再エネ普及の重要な役割を担ってきた。現在、日本においても公社の設立やエネルギー協同組合法についての検討が行われており、こういった法整備などが進むことで地域主体の事業形成を支援し、地域のエネルギー自立を加速させることが期待される。

4.2　経済・金融面での課題

　「環境・持続社会」研究センター（JACSES）が、世界最大の年金基金である年金積立金管理運用独立行政法人（GPIF）による石炭関連企業への投資実態調査を行ったレポートを2017年6月に発表した（「環境・持続社会」研究センター（2017））。その調査によれば、2016年3月時点のGPIFによる石炭関連企業への投資額（時価総額）は、8,826億円〜1兆7,955億円に上ることが判明した。パリ協定の発効により、世界の平均気温上昇を産業革命以前に比べて2℃よりも十分低く保つとともに、1.5℃に抑える努力を追求することが国際目標となっている。世界の大手化石燃料保有上場企業200社の現有化石燃料埋蔵量762Gt（ギガトン、CO_2換算）のうち、気温上昇幅を2℃に抑制するためには、225〜269Gt分しか利用することができない。こうした利用

できない可能性のある資産を保有するリスクは「座礁資産リスク」と呼ばれ、すでにノルウェー政府年金基金、カリフォルニア州職員退職年金基金（CalPERS）、カリフォルニア州教職員退職年金基金（CalSTRS）、スウェーデン第二公的年金基金（AP2）などの公的年金基金は、座礁資産リスクを避けるべく石炭関連企業からの投資の引き上げ（ダイベストメント）方針を表明している。しかし、日本の GPIF は、2015 年に国連責任投資原則（PRI）に署名し、投資先の環境・社会・ガバナンス等を配慮した ESG 運用を開始したものの、今のところ気候変動に関する明確なスタンスを示していない。日本の金融機関には、一刻も早く、人間社会に深刻な影響を与える地球温暖化を推進する化石燃料関連事業や、危険な原子力に投融資しないことを決断し、国際的、社会的、そして経済的責任を果たす行動をとることが求められる。

　原子力、石炭火力から脱却し、再エネ 100％への転換を加速させるためにも私たち市民の立場からできることがある。国際環境 NGO である 350.org の行った調査では、東京三菱 UFJ、みずほ、三井住友、三井住友信託を含む、日本のメガバンクグループによる化石燃料・国内石炭火力・原子力関連企業への 2014 年の投融資は、合計で約 5 兆 3,892 億円に上ることが判明した。さらに、同調査では、日本の大手生命保険会社が化石燃料および原発関連企業へ 3 兆 3,300 億円の投融資を行っていたことがわかっている。一方、銀行グループの再エネへの投融資額は化石燃料の約 8 分の 1 の規模であることが明らかになった。

　つまり、私たちのお金が、所属する企業や組織、預貯金先の銀行、年金基金、保険会社、公的機関などを通じて、地球温暖化の加速を引き起こしている化石燃料関連企業や原発関連企業へ投融資され続けているのである。この事態を解決するためには、お金の流れを私たち自ら変えていくことが最も有効である。私たち 1 人 1 人が化石燃料・原子力からの投資撤退を行うとともに、それらの投融資を再エネおよび省エネ対策や社会貢献に積極的な企業へと移行する「意思あるお金の流れ」をつくりだしていく必要がある。

4.3　政策面での課題

　地域エネルギー事業の目的は、単に発電所等の設備をつくることではなく、

事業を通じて社会課題や地域課題の解決、エネルギー政策の転換を達成していくことにある。そうした目的を達成するためには、エネルギー関連分野のみならず一次産業をはじめとしたさまざまな分野への働きかけが求められる。そうなれば関係する主体も多様である。そこで、地域エネルギー事業の推進にあたっても、理想的には地域の各主体間で共有した目標、コンセプト、方向性などをまとめた戦略と一致する形で進めることが望まれる。例えばその具体的な取り組みとしては、市町村での再エネ政策推進に関する条例や計画等の制定などが考えられる。

実際に、FIT 導入後、再エネ政策推進に関する条例を制定する自治体は増加している。例えば、湖南市（滋賀県）、新城市（愛知県）、飯田市（長野県）、土佐清水市（高知県）、洲本市（兵庫県）、宝塚市（兵庫県）、多治見市（岐阜県）、小田原市（神奈川県）、八丈町（東京都）などがある。これらの条例では、地域に降り注ぐ太陽光などの再エネは地域固有の資源であることを宣言し、地域経済の活性化のために活用していくことが宣言されている。さらに、飯田市の「再生可能エネルギーの導入による持続可能な地域づくりに関する条例」では、地域住民、コミュニティが主体となった再エネ事業を積極的に支援する方針や具体策まで条例に明記されている。

このように再エネ基本条例が広がりを見せるなか、京都府でも「京都府再生可能エネルギーの導入等の促進に関する条例」を 2015 年 7 月に制定（2016 年 1 月に全面施行）した。京都府では、再エネの供給量の増大等を図り、地球温暖化対策の推進と地域社会および地域経済の健全な発展を目指すことを条例の狙いとしている。京都府の再エネ条例は、その範囲や役割が異なることからも、市町村条例に見られるような再エネが地域固有資源であることを宣言する文言は見られないものの、具体的な施策として「第 3 節　地域協働による施策」や「第 4 節　認定自立型再生可能エネルギー導入等計画に係る施策」で、地域と協働した再エネ事業に対する優遇施策を設け、地域性への配慮を行っている。現時点では、京都府の条例制定に続く都道府県単位での条例制定に関する動向はまだ見られないが、今後、湖南市の政策が全国の市町に伝播していったように、都道府県単位における条例の先駆けとなっていくことが期待される。

（豊田陽介）

5 再生可能エネルギーのポテンシャルを活用する

　3.11 での被害は、農業、漁業、観光業などの産業のみならず、計画停電を通じた日本の産業全体へと拡大し、エネルギー政策の根幹を揺るがす事態になった。震災から 7 年が経過した今でも原発事故の影響は収束していない。にもかかわらず、政府が 2017 年度に見直しを議論している「エネルギー基本計画」では、再エネを優先的に利用するのではなく、原発や石炭火力発電をベースロード電源と位置づける既存の方針が引き継がれようとしている。一方世界では、パリ協定の採択・発効を追い風として、多くの国や地域から再エネ 100％を目指す宣言が次々とあがるなど、再エネへの転換は脱炭素社会実現のための前提となりつつある。

　日本でも再エネ 100％への転換は決して不可能ではない。WWF ジャパンの報告（2017）によれば、日本は年間 25 億 1,807 万 kW もの再エネ電力ポテンシャルを有している。これは現状の国内総発電設備容量の実に 10 倍近くにもなる。これまで日本はエネルギー資源に恵まれない国だと思われてきたが、地熱エネルギー量では世界 3 位、森林率は先進国 3 位、そして海洋面積は世界 6 位であり、世界と比較しても再エネに恵まれた国である。このポテンシャルを活用していくためにも、国のエネルギー政策とともに、地域でいかにエネルギー・ガバナンスを機能させていくかが求められている。

（豊田陽介）

＊1　石炭火力発電の電力量あたりの CO_2 排出量は、天然ガス火力発電に比べておよそ 2 倍である。1990 年以降、日本の石炭火力発電所からの CO_2 排出量は約 1.7 億 t 増加しており、これは現在の家庭部門の排出の全量に匹敵する。

＊2　人の情報収集能力や認知能力には限界があり、すべての判断を合理的に行うことは現実には難しいという考え方。

＊3　家庭用太陽光発電への補助金交付件数をもとに、住宅用＝市民所有としている。

＊4　発電電力を自家消費することを基本として、使用しきれない電力を電力会社に売電することができる制度。

＊5　世界風力エネルギー協会コミュニティ・パワー・ワーキング・グループの定義によるもので、以下の三つの基準のうち、少なくとも二つを満たすプロジェクトは「コミュニティ・パワー」として定義される。①地域の利害関係者がプロジェクトの大半もしくはすべてを所有している、②プロジェクトの意思決定はコミュニティに基礎をおく組織によって行われる、③社会的・経済的便益の多数もしくはすべては地域に分配される。

＊6　農地に支柱を立てて上部空間に太陽光発電設備等の発電設備を設置し、農業と発電事業を同時に行うことをいう。農林水産省では、この発電設備を「営農型発電設備」と呼んでいる。

*7 2016年4月から全面電力小売自由化が開始され、従来の大手10電力会社以外でも一般家庭への電力小売事業が行えるようになり、多くの新電力が事業参入した。さらに、自治体やガス会社、生協などの地域の事業主体が、地域を限定して電力供給を行う地域新電力の設立が全国で相次いでいる。地域内の太陽光発電や自治体所有の廃棄物発電などを活用するケースが多く、地域主体の再生可能エネルギー事業との連携が期待できる。

〈参考文献〉

・Agentur für Erneuerbare Energien（2014）Wachstumstrend der Energiegenossenschaften ungebrochen, Agentur für Erneuerba-re Energien e. V.
http://www.unendlich-viel-energie.de/wachstumstrend-der-energiegenossenschaftenungebroche
・C. Ender（2013）Wind Energy Use in Germany, Status 30.06.2013
http://www.dewi.de/dewi/fileadmin/pdf/publications/Magazin_43/06.pdf
・IRENA（2016）RENEWABLE ENERGY BENEFITS：MEASURING THE ECONOMICS
・New Climate Institute(2017)Assessing the missed benefits of countries' national contributions
・NEDO（2011）「平成22年度事業原簿（ファクトシート）」
http://www.nedo.go.jp/content/100165668.pdf
・REN21（2011）RENEWABLES 2011 GLOBAL STATUS REPORT
・WWFジャパン（2017）「脱炭素社会に向けた長期シナリオ」
・350.org（2016）「民間金融機関の化石燃料及び原発関連企業への投融資状況」
・伊香賀俊治ほか（2011）「健康維持がもたらす間接的便益（NEB）を考慮した住宅断熱の投資評価」『日本建築学会環境系論文集』76、日本建築学会
・伊与田昌慶（2017）「国連気候変動ボン会議参加報告：パリ協定の「ルールブックづくりの議論前進─日本の気候対策は停滞」『気候ネットワーク通信』115
・歌川学（2015）『スマート省エネ』リーダーズノート
・環境省中央環境審議会（2017）「長期低炭素ビジョン」
・「環境・持続社会」研究センター（2017）「年金積立金管理運用独立行政法人（GPIF）による石炭関連投資の実態」
・観光庁(2017)「訪日外国人消費動向調査 平成28年（2016年）年間値（確報）」
http://www.mlit.go.jp/common/001179539.pdf
・気候ネットワークほか（2015）「石炭はクリーンではない検証：日本が支援する海外の石炭火力発電事業」
・木原浩貴（2015）「中小企業の省エネルギーバリアの実態に関する考察：バリア克服までのプロセスに着目して」『龍谷大学大学院政策学研究』4
・木村宰（2009）「産業部門における省エネルギーの障壁：ボイラ・工業炉・モータシステムの事例分析」『電力中央研究所報告 研究報告Y08045』電力中央研究所
・木村宰・野田冬彦（2010）「省エネルギー法による工場規制の意義と課題」『電力中央研究所報告 研究報告Y09010』電力中央研究所
・コールスワーム・シエラクラブ・グリーンピース（2017）「活況と不況 2017世界の石炭火力発電所の計画の追跡」
・国立環境研究所（2009）「日本温室効果ガス排出量2020年25％削減目標達成に向けたAIMモデルによる分析結果（中間報告）」
http://www.kantei.go.jp/jp/singi/t-ndanka/dai5/siryou2_1.pdf
・財務省（2017）「平成28年分貿易統計（確定）」
http://www.customs.go.jp/toukei/shinbun/ trade-st/2016/201628f.xml
・資源エネルギー庁（2005）「平成16年度エネルギーに関する年次報告」
・杉山大志（2010）「これからの省エネルギー政策」『省エネルギー政策論』エネルギーフォーラム
・中小企業庁（2010）『中小企業白書2010年度版』
・寺田良一（1995）「再生可能エネルギー技術の環境社会学：環境民主主義を展望して」『社会学評論』45巻4号
・東京都健康長寿医療センター（2013）「冬場の住居内の温度管理と健康について」
http://www.tmghig.jp/J_TMIG/release/pdf/press_20131202.pdf
・東京都健康長寿医療センター（2014）「わが国における入浴中心肺停止状態（CPA）発生の

実態」 http://www.tmghig.jp/J_TMIG/release/pdf/press_20140326_2.pdf
・豊田陽介（2016）「市民・地域主体による再生可能エネルギー普及の取り組み『市民・地域共同発電所』の動向と展望」『サステイナビリティ研究』6
・豊田陽介（2017）「世界と日本の再エネ100％」『気候ネットワーク通信』113
・豊田陽介（2017）「市民地域協同発電所全国調査報告書2016」
・豊田陽介（2017）「日本のエネルギー政策：石炭、原発、電力システム改革」『脱炭素地域のつくりかた：パリ協定 担い手のためのリファレンス』
・内閣府（2016）『交通安全白書平成28年度版』
・西尾健一郎・岩船由美子・Won Anna（2010）「アンケート調査に基づく家庭用エアコンの利用に係るバリアの分析」『日本建築学会環境系論文集』Vol.75 No.652、日本建築学会
・農林水産省（2017）「今後の農山漁村における再生可能エネルギー導入のあり方に関する検討会報告書」
・排出削減ポテンシャルを最大限引き出すための方策検討会（2013）「排出削減ポテンシャルを最大限引き出すための方策検討について（報告書）」
http://www.env.go.jp/earth/er-potential/rep2505/main.pdf
・判治洋一（2014）「産業・業務分野における省エネルギーの現状と課題（後編）」『省エネルギー』Vol.66 No.10、省エネルギーセンター
・水野清（2012）「中小企業における省エネルギーの普及にかかる仲介者の役割」『環境情報科学学術論文集』No.26、環境情報科学センター
・桃井貴子（2017）「東京湾岸に集中する石炭火力発電所新設計画」『気候ネットワーク通信』114
・若林雅代・木村宰（2009）「省エネルギー政策理論のレビュー：省エネルギーのギャップとバリア」『電力中央研究所研究報告Y08046』財団法人電力中央研究所
・和田武（2002）「自然エネルギー生産手段の住民所有：デンマークとドイツの風力発電を中心に」、唯物論研究協会編『唯物論研究年誌』第7号、青木書店
・和田武・豊田陽介・田浦健朗・伊東真吾（2014）『市民・地域共同発電所のつくり方』かもがわ出版

ENERGY GOVERNANCE

2章
国内外の地域エネルギー
政策・事業の事例

平岡俊一・豊田陽介・的場信敬・木原浩貴

近年、欧州を中心に、また日本でも一部の先見性を持った地域で、自治体や住民グループなどが中心になったエネルギー・ガバナンスの取り組みが始まっている。

これらの先進事例に共通しているのは、単にその地域で実施されているエネルギー政策が先進的であるということにとどまらず、地域の多様な主体がエネルギー政策を地域運営の中核に据えて主体的に関わることで新しい地域のあり方を示そうとしていることである。本章では、筆者らが調査した地域エネルギー・ガバナンスの先進事例を紹介する。

1 北海道下川町
─ゼロエミッション型林業と木質バイオマスによる地域熱供給

1.1 下川町の概要

北海道下川町は、道内北部に位置する人口約 3,300 人、面積 644km² の街である。1901 年から開拓が始まり、1924 年に名寄町から下川村として分村し、1949 年に下川町が誕生した。かつては金、銅などの鉱業で栄え、1960 年頃の人口は 1.5 万人を超えていたが、1960 年代以降は鉱山の閉山や営林署の統廃合、JR 名寄線の廃線などが重なり、大幅な人口の減少による過疎化に悩まされるようになる。

そうした事態に対して強い危機感をもった下川町では、1980 年代頃から町全体を会場にした「アイスキャンドル」イベントの開催や草地造成で出た石を利用した「万里の長城」の制作を住民参加のもと行うなど、各種の地域活性化事業に取り組んできた。

1.2 森林を軸にした地域づくり事業の展開

現在、下川町の地域づくり活動で特に活発に行われているのが、同町の面積の約 9 割を占めている森林を活かした取り組みである。下川町は、1950 年代から国有林の取得を進め、現在は約 4,700ha の町有林を所有している。町有林においては、毎年 50ha 分の伐採と植林を行い、60 年間育林した後に伐採するというサイクルを無限に繰り返す「循環型森林経営システム」を構築し、

雇用を確保と安定的な林産物の生産を図っている。あわせて、2003年には道内初となるFSC森林認証[*1]を町内の民有林や国有林を含めて取得している。

町内から生み出される木材については、森林組合が中心となり、その資源をあますこと

森林環境教育プログラム（写真提供：下川町役場）

なく利用する、ゼロエミッション型の木材加工システムにもとづいた林業・林産業経営が推進されている。具体的には、主伐材の加工・製品化だけでなく、間伐材を利用した集成材、円柱加工材、木炭、キノコ菌床（オガコ）、消臭剤（木酢液）、割り箸、アロマオイルなど多様な製品が企画・製造されている。

さらに下川町は、後述するような森林資源を活かした再生可能エネルギーの導入をはじめとする環境調和型の地域づくりにも積極的に取り組み、2008年には国が公募した環境モデル都市に、2011年には環境未来都市に選定されるなどして、全国的にもその名が知られるようになっている。環境未来都市の選定に合わせて、下川町は、地域づくりのビジョンとして「森林未来都市」モデルを掲げている。そのコンセプトを「豊かな森林環境に囲まれ、森林で豊かな収入を得、森林で学び、遊び、心身を健康に養い、木に包まれた心豊かな生活をおくることができる町」とし、「森林総合産業の創造」「エネルギー完全自給」「少子高齢社会への対応」を具体的な地域づくりの3本柱に据えている。

この一環として、例えば、チェンソーアートの国際大会の開催や住民参加による森林体験フィールドづくり、町内のNPOによる3歳児から高校生までを通した「15年一貫の森林環境教育プログラム」の実施など、森林を軸にした各種文化・教育活動が盛んに行われている。

1.3 木質バイオマスエネルギー利用の推進

　地域エネルギー政策分野においても森林資源の活用に活発に取り組んでいる。2004 年に町営の五味温泉に道内初となる木質バイオマスボイラーを導入したのを皮切りに、その後、町内の公共施設（幼児センター、育苗施設、高齢者複合施設、町営住宅、中学校等）への同ボイラー設置が積極的に進められている。そのうち町の中心市街地にある役場周辺地域（役場、公民館、消防署、総合福祉センターなど）、小学校・病院周辺地域では、1 基のボイラーから複数の公共施設に熱を供給する地域熱供給システムが導入されている。これらの取り組みにより、現時点で下川町では、全公共施設の暖房・給湯用の熱需要量の約 6 割を木質バイオマスエネルギーによって賄うことを実現している。

　これらの事業は、先ほど紹介した木材をあますことなく利用するという思想にもとづき、町内での木材加工などの工程から出る端材や林地残材などをチップ化したものを原料として実施されている。なお、この木質チップの製造は、町が建設した製造施設において、町内で化石燃料等を販売している複数の民間事業者によって設立された「下川エネルギー供給協同組合」が指定管理を受けて生産・供給を行っている。

　下川町では、木質バイオマスボイラーの導入により重油使用時よりも削減された節約分を毎年「木質バイオマス削減効果活用基金」に積み立て、半分を将来のボイラーの更新費用として、残りの半分を同町内の幼児センター保育料の減額、学校給食費や乳幼児医療費の補助等の原資としている。2013 年度に基金に組み入れた金額は 1,600 万円になっている。再エネ事業で生まれる利益を地域の

端材や林地残材などを加工した木質チップ

一の橋バイオビレッジ
（写真提供：下川町役場）

ビレッジ内の地域熱供給システム
のボイラー（写真提供：下川町役場）

子育て環境の充実に活用することで、特に地域の若年世代が再エネ導入の恩恵を実感できるしくみを実現している。

　さらに現在は、中心市街地での木質バイオマスエネルギーによる熱電併給システムの導入に向けた検討が進められている。

　森林資源を活かした地域エネルギー事業は中心市街地以外でも実施されている。町内東部の一の橋地区は、かつて 2,000 人を超えていた人口が過疎化の影響により 140 人まで減少してしまい、コミュニティ機能の維持が重要な課題となっていた。役場や住民による議論・検討が行われた結果、住宅を集約するとともにコミュニティの維持に必要な施設を整備していく集住化事業が行われることになり、2012 年に「一の橋バイオビレッジ」が建設された。同ビレッジは町営住宅やカフェ、郵便局、集会所などから構成されているが、

ここにも木質バイオマスボイラーによる地域熱供給システムが導入されている。

　完成した同地区には、地域おこし協力隊として採用された若者などが移住し、地元住民と連携して同隊員の任期終了後の雇用の受け皿となることも目指した「NPO 法人地域おこし協力隊」を設立し、カフェの運営や地区の見守り・除雪、地域資源を活用した新規ビジネスの立ち上げなど、コミュニティの維持と再活性化を目指した事業を活発に展開している。さらに同地区には、地域熱供給システムの熱を活用した町営のシイタケ栽培施設や民間企業の医療植物研究施設も建設され、そこでも新たな雇用が創出されている。

1.4　地域づくり事業の背景にあるもの

　下川町内では先に述べたような各種事業が活発化したこともあり、近年はＩターン・Ｕターン者が増加している。2012 年からは町の人口の社会動態が増加に転じる年も出てくるなど、人口減少が以前よりも緩和される傾向にある。特に、30 〜 49 歳と 5 〜 14 歳世代の人口が増加し始めるという明るい兆しが見え始めている。

　このような下川町での地域づくりのベースとなっているのは「下川町産業クラスター研究会」の活動である。同研究会は、1998 年に約 40 名の有志の住民の参加により設立された組織である。三つのワーキンググループ（まちのグランドデザイン、商品開発、木材加工）に分かれ、週 1 回ペースで 4 年間にわたり議論を重ね、現在の下川町での各種取り組みの原型になっている地域活性化事業案を作成していった。そして、この事業案の具体化を支える組織として、2002 年に研究会を母体にする形で町の外郭団体である「一般財団法人下川町ふるさと開発振興公社」内に「クラスター推進部」が設立され、各種の事業展開において重要な役割を果たしていくことになる（7 章参照）。

　以上のように、下川町での地域づくりは、森林を軸にした持続可能な地域社会の実現、という明確な理念のもと粘り強く継続的に取り組みが展開されている。エネルギー事業は、一連の地域づくり事業の中の重要な要素として位置づけられ、町の基盤整備の一環という意味合いも込められながら着実に展開されている。一見すると、これらの地域づくり事業は町役場が中心とな

った行政主導型の取り組みという印象を受ける。しかし、一連の事業の原点には、住民の手づくりによる観光活性化やクラスター研究会における住民間での議論など、住民参加にもとづいた地道な活動の積み重ねや合意形成が存在している。 （平岡俊一）

2　岡山県西粟倉村
―森林資源を活用するローカルベンチャーの活躍

2.1　西粟倉村の概要

西粟倉村は岡山県の東北端部に位置する人口約 1,500 人の小さな村だ。面積の 95% は森林が占め、森林面積の約 85% がスギ・ヒノキの人工林である。そのため長期的な間伐等の適切な森林管理が必要である。2004 年 8 月に、近隣地域との合併協議会を住民アンケートの結果に基づき離脱して以来、村面積の大半を占める森林を軸とした地域活性化を通じて、小規模自治体としての生き残りを模索してきた。近年は森林整備と合わせた材の活用やエネルギー利用に取り組み、地域資源を活かした地域づくりに取り組む先進的な自治体として注目を集めている。

2.2　百年の森林構想

2008 年、西粟倉村では、美しい森林に囲まれた「上質な田舎」を実現していくために森林の再生に資源を集中させていくという村の方針を定めたビジョン「百年の森林構想」が策定された。百年の森林構想では、森林の保全管理から施業、間伐材の商品化、プロモーション、西粟倉のファンづくりまで、西粟倉村に関わるすべての人がつながることによって、持続可能な森林経営を行うとともに、村内外に情報を発信し、西粟倉村に関わる人々のネットワークづくりを実現することを目指している。

具体的には、百年の森林構想に基づく「百年の森林事業」は、「百年の森林創造事業」と「森の学校事業」によって構成されている。

(1) 百年の森林創造事業

　同事業は森林整備や植林といった、いわば川上部分での取り組みである。適切な森林整備のためには森林の除間伐を行うことが必要となる。所有者を特定し間伐を進める際、近年は財産相続などによって全国的に森林所有者の特定が困難な状況になり、それが森林整備の妨げとなっている。

　そこで西粟倉村では、村役場が森林所有者の特定を行い、間伐等の整備が行えない個人所有者の山林を村が預かり、森林組合が整備・管理を行う「長期施業管理に関する契約」を、村と森林組合と所有者間で結ぶ取り組みを進めている。契約期間は 10 年間となり、整備にかかる費用はすべて村が負担し、森林所有者には一切の費用負担がない。また木材を販売し運搬や管理にかかる費用を除いた後の収益については 2 分の 1 は森林所有者に還元し、残り 2 分の 1 を村が「百年の森林構想」事業を進める財源として使用する。長期施業管理に関する契約は、約 3,000ha の私有林を契約目標としており、2017 年 3 月までにおよそ 1,457ha、778 名以上と協定契約を交わしている。これら私有林と村有林を合わせた過去 4 年間の間伐面積は約 430ha、作業道作設延長は約 36,000m、木材の搬出量は 15,000m³ 以上になる。

(2) 森の学校事業

　森林の整備・管理とともに村が取り組んでいるのが、森林等の地元資源の活用と顧客の創造のための森の学校事業である。間伐材の販売のみならず商品価値を持った加工材を販売・流通する林業の六次化を目指し、村は株式会社トビムシと提携し「株式会社西粟倉・森の学校」を 2009 年に設立した。森の学校では、未利用間伐材を活用した「ワリバシ」や、賃貸住宅でも木材のフローリングにできる「ユカハリタイル」などの開発・販売や、住宅部材の供給を行っている。さらに地域材を加工販売するだけでなく、移住や起業の支援にも取り組んでいる。

　また、地域材を利用して家具をつくる若者が「木工房ようび」や「木の里工房 木薫」といったローカルベンチャーを立ち上げ、関連産業の活性化と新たな雇用の創出にもつながっている。

2.3 エネルギー資源を活用した地域経済循環

(1) 環境モデル都市としての目標

　西粟倉村ではこのような森林の利活用を中心とした現在の取り組みに基づきつつ、大幅な二酸化炭素（CO_2）の削減と、魅力的な中山間地の将来像を提示することを目指して、2013 年 3 月には環境モデル都市に応募・選定されている。

　環境モデル都市行動計画では、百年の森林事業を通じて温室効果ガスの吸収量を拡大し、再エネ・電気自動車導入などによる低炭素モデルコミュニティの構築などに取り組むことで、2020 〜 30 年にかけて CO_2 の排出量を約25％削減、2050 年には 40％削減を達成することを目標としている。

(2) 行政と民間企業が連携した地域エネルギー事業

　環境モデル都市行動計画では、再エネの導入などを通じた低炭素社会の構築にも力を入れている。

　具体的な取り組みとして、1966 年に設立された小水力発電所（280kW）の設備更新である。発電開始から 50 年が経過し、老朽化が進行しているため、発電設備や水路などを対象に大規模な改修工事を行い、2014 年 7 月から290kW の設備で発電を開始している。FIT の適用を受けたことで、売電収入はこれまでの 1,600 万円／年から 7,000 万円／年になった。この小水力発電からの収益については、村の再エネ普及の原資として使われる予定だ。

　また、村内では毎年大量に林地残材が発生していることから、これらをエネルギーとして利用するために、村内温泉施設「黄金泉」をはじめ村内 3 カ所の温泉施設のボイラーを化石燃料から木質燃料（薪ボイラー）に改修し、薪の供給を民間と協力して進めている。

　この薪ボイラーを管理・運営する「村楽エナジー株式会社」は I ターン者が起業したローカルベンチャーであり、地元雇用者 4 名が働いている。同社はバイオマス事業として間伐材を調達して薪に加工し、薪ボイラーを設置した温泉施設への熱供給を行っている。薪の原材料となる間伐材は 6,000 円／t で購入し、ボイラー管理費も含めて約 13,000 円／t[*2] で販売する。

西粟倉村の温泉施設・黄金湯に導入された薪ボイラー

村落エナジーが生産した薪

　温泉施設では年間を通じて熱の利用があり、これまでは灯油ボイラーで賄っていた。この約8割を薪で代替し供給することで灯油の消費量を削減するとともに、燃料費自体の削減にもつながる事業になっている。3カ所の温泉施設への薪ボイラーとその周辺設備の導入費用には1億3,640万円ほどかかったが、年間の燃料代が約1,560万円から約1,260万円（灯油70円／ℓで換算）まで削減される見通しだ。また、設備導入にあたっては3分の2を国からの助成金で賄うことができたため、温泉施設では10年以内に投資回収ができる見通しだ。

　このほか村楽エナジーが間伐材を集めるにあたっては、西粟倉村と協働して「鬼の搬出プロジェクト」を運営している。このプロジェクトでは、山林所有者等が収集場所に自ら搬出した林地残材を持ち込めば、地域の商店で利

用できる地域通貨「オニ券」*3 で対価を支払ってくれる。このほか村楽エナジーは、西粟倉村が所有している宿泊施設「元湯」の運営主体となり、宿泊事業を手掛けている。この施設にも薪ボイラーが導入されている。

太陽光発電については、「おかやまエネルギーの未来を考える会」との協働で、村の公共施設コンベンションホールに約 50kW の市民共同発電所を 2014 年 3 月に設置している。事業費は 1,560 万円で、このうち 490 万円を建設協力金（借入金）として村民 28 人から、1,000 万円を地元金融機関からの融資で、さらには 70 万円の寄付金によって拠出している。エネルギーの未来を考える会では、地域貢献として発電収入の一部を使って地域で環境教育を実施している。

このほか、家庭向けには太陽光発電や太陽熱利用推進への補助金を出し、交通対策としては電気自動車の急速充電器の整備も進めており、災害時の避難所への電力供給体制も整えていく予定である。

2.4　10 年で人口の 1 割の雇用を創出

西粟倉におけるこうした地域資源を活かした取り組みの成果として、近年目に見える形で現れているのが I ターンを中心とする移住者と雇用の増加である。森林組合や森の学校、森林関係のローカルベンチャーを中心に、2007 年以降 I ターン者約 130 名を含む 140 名以上の雇用が村では生まれている。

人口増加率については、出生数よりも高齢化に伴う死亡者数の方が多いため人口は減少に向かっているものの、近年では I ターン者の受け入れの増加もあって、わずかながら転出者を転入者が上回る社会増となっている。また、転入者の増加によって家族が増え、子どもの人数がやや増加しており、園児・児童・生徒数の推移では回復傾向にある。

このように市町村合併の拒否から独自の道を歩み始めた西粟倉村では、百年の森林構想にもとづく取り組みで、行政と民間企業の連携によって地域資源の活用を進め、移住者数や児童数の増加など、目に見える成果をあげることにつながった。

（豊田陽介）

3 滋賀県湖南市
─福祉とエネルギーを相乗する小規模分散の地域づくり

3.1 湖南市の概要

　滋賀県湖南市は 2004 年に旧石部町と旧甲西町が合併してできた約 5.4 万人の街である。琵琶湖の南東部に位置し、昔は宿場町として栄えたが、近年は高速インターチェンジの整備に合わせて県内最大の湖南工業団地ができるなど第二次産業を中心に発展してきた。また日本の障がい者福祉の第一人者であり「社会福祉の父」とも呼ばれる糸賀一雄氏らが設立した近江学園が立地している。近年では乳幼児期から就労期まで一貫した発達支援のシステムを全国に先駆けて立ち上げるといった取り組みを続けている「福祉のまち」として有名である。

3.2 福祉の地域づくりから始まったエネルギー事業

（1）福祉施設がつくった市民共同発電所

　こうした障がい者福祉の流れをくみ、障がい者や高齢者が地域のなかで普通に働き、暮らせる共生型の社会を目指して、1981 年に溝口弘氏によって「株式会社なんてん共働サービス」が創設された。そして 1997 年には同社の屋根に全国で 2 例目となる「市民共同発電所」が設置されることになった。この背景には、小規模分散型の再エネが「小規模・地域分散（密着）・双方向」を目指す、同社の考え方と共通するものであったからだ。

　「てんとうむし 1 号」（4.35kW）と名づけられた市民共同発電所の設置にあたっては、設備費用 400 万円のうち 360 万円を一口 20 万円の出資を募る形で集めた。出資者には金銭的なメリットはほとんどないものの、COP3 開催を目前に控え地球温暖化防止のための機運を高めていく取り組みとして、さらにはドイツなどで行われていた FIT の成立を求める運動として理解を集めた。その後 2002 年にも、2 号機となる市民共同発電所「てんとうむし 2 号」（5.4kW）が、1 号と同様に一口 10 万円で出資を募り湖南市内の高齢者グループホーム施設の屋根に設置されている。

こうした市民共同発電の取り組みは全国的にも注目を集め、滋賀県内、関西、そして全国へと広がりを見せていくことになった。

(2) コナン市民共同発電プロジェクト

　その後しばらく新たな市民共同発電所の建設はなかったが、2011 年に採択された「緑の分権改革」事業を契機に、福祉を軸とした地域自立・循環システムの構築に取り組み始める。それを推進していく主体として住民を中心とした「こにゃん支え合いプロジェクト推進協議会」を立ち上げ、市は包括的連携協定を結んでいる。この推進協議会のなかで具体的な検討が行われ、「市民共同発電所プロジェクト」「アール・ブリュット福祉ツーリズムプロジェクト」「コミュニティルネッサンス（特産品開発）プロジェクト」の三つのプロジェクトが進められることになった。

　市民共同発電所プロジェクトでは、2012 年 7 月から施行された FIT を活かして、地域経済に寄与するモデルの模索が進められた。2012 年にはプロジェクトを具体化するための主体として「一般社団法人コナン市民共同発電プロジェクト」が設立され、溝口弘氏が代表理事に就任した。コナン市民共同発電プロジェクトは、地域内の公共施設や民間施設の屋根を借りて太陽光発電を設置し、そのための資金は市民からの出資によって調達し、配当を地域商品券によって行うことで地域内経済循環に寄与することを目指すモデルとなっている。

　2013 年 2 月に初号機となるバンバン市民発電所（20.88kW）を、「社会福祉法人オープンスペース　れがーと」および「バンバン作業所」の施設に設置した。その資金調達にあたってはトランスバリュー信託株式会社を通じて一口 10 万円で80 口、出資者には元金と配当収入 2.0％を加えて 20 年間にわたり地域商品券で還元する

コナン市民共同発電プロジェクトで設置したバンバン市民発電所

条件で出資募集を行った。その後も同様の手法によって資金調達を行い、現在までに合計 4 基、約 167kW の市民共同発電所が建設されている。

(3) 全国初の再生可能エネルギー条例

　こうした市民共同発電所プロジェクトを後押ししたのが、FIT の成立に合わせ 2012 年 9 月に制定された「湖南市地域自然エネルギー基本条例」だ。「自然エネルギーは地域のもの」を基本理念とし、地域の再エネの活用について、市、事業者および市民が主体となって地域社会の持続的発展に寄与することを目的にした条例である。

　条例が制定された背景には、FIT の制定によって、特に太陽光発電からの電力を売電することで収益をあげるビジネスが成立するようになったことで、各地で大規模な太陽光発電事業の計画が持ち上がり始めたことにある。こうした大規模な発電事業の主体は多くは首都圏企業であり、これら大企業によるエネルギー事業では、地域固有の資源である再エネを活用したとしても売電収入は地域外に流出することになり、固定資産税を除き地域経済効果がほとんどないことが問題視されるようになっていた。

　そこで湖南市では 2012 年 4 月に「地域エネルギー課」を発足させ、外部の専門家等からのアドバイスも受けながら検討を進めた。その後半年にわたって条例案を作成・検討し、2012 年 9 月議会に湖南市地域自然エネルギー基本条例案を提案し、審議を経て、可決・成立した。　湖南市の同条例では、前文で制定理由を明確化し、第 1 条「条例の目的」で自然エネルギーが地域固有の資源であることを宣言し、第 3 条「基本理念」で地域経済に寄与する自然エネルギー利用のあり方、そのほか「市の役割」「市民の役割」「事業者の役割」「連携の推進」などが盛り込まれている。

　こうした再エネ利用の考え方を示した条例は全国では初めてで、全国からも大きな注目を集めた。実際この湖南市の条例制定をきっかけに、その後、再エネ政策推進に関する条例を制定する自治体は増加している。例えば、土佐清水市（高知県）、洲本市（兵庫県）、宝塚市（兵庫県）、新城市（愛知県）、多治見市（岐阜県）、飯田市（長野県）、小田原市（神奈川県）、八丈町（東京都）など、現在 20 以上の自治体が同様の条例制定を行っている。

3.3　エネルギーの地産地消により地域内経済循環を生み出す

　福祉と環境のまちづくりに取り組む湖南市では、条例に基づき地域を主体にした再エネ普及に取り組んでいる。2015 年 2 月に「湖南市地域自然エネルギー地域活性化戦略プラン」を策定し、エネルギー・経済の循環による地域活性化の推進を基本方針に掲げている。さらに 2015 年 10 月に策定した総合戦略の中で政策パッケージに位置づけ、再エネを活用した地域活性化の推進を具体的な施策としている。

　こうした地域活性化策として再エネ利用に取り組むなかで現在注目を集めているのが、2016 年 5 月に市と民間、商工会で設立した地域電力会社「こんウルトラパワー」である。先の戦略プランに掲げる基本方針の実現を事業目的とし、湖南市域におけるスマートエネルギーシステム導入検討事業として設立された。

　事業内容としては、小売電気事業、熱供給および熱利用事業、新事業やまちづくり事業等地域振興に関する事業を行う。同社は湖南市と包括連携協定を結び、2016 年 10 月から市の 60 施設への電力供給をスタートさせている。市では、これにより公共施設の電気代として年間 1,000 万円程度の削減を見込んでいる。電力調達は市内の市民共同発電所や太陽光発電施設を中心に域外からの電力も含めて日本卸電力取引所から電力を調達するのと、関西電力から継続的に電力を卸売りしてもらう常時バックアップを組み合わせて行っており、市内調達分の割合は 55％程度になる。

　今後、2017 年度には供給対象を民間企業に広げるとともにモニター家庭での試験的供給を行い、2018 年度から一般家庭への本格販売を実施していく予定だ。また、一般家庭の太陽光発電からの電力買い取り、一般需要家獲得のためにふるさと納税の特典として湖南市産の電力を供給する新たな事業展開や、市民ファンド出資者への電力サービス事業等を予定している。さらには電力供給にとどまらず、事業範囲を地域での雇用が期待できる地域熱供給事業への拡大や地域内外での省エネサービスの展開についても検討されている。

3.4　多様な主体が協働するまちへ

　湖南市では市民共同発電をきっかけに福祉とエネルギーの協働が生まれ、

そこから地域づくりへとつながる動きが広がっていった。その背景には、先進的な取り組みを生み出す市民の存在と、それを支え導く行政との支え合い＝協働の関係がある。

　今後は市民、事業者、企業、金融、大学、行政と、多様な主体による協働のもとでエネルギーと経済を域内で循環させ、地域活性化につなげる自立的なまちづくりが進んでいくことが期待されている。　　　　　　　（豊田陽介）

4　長野県飯田市
―公民協働で地域を潤す事業のデザイン

4.1　飯田市の概要

　飯田市は、長野県の南端に位置し、東西を南アルプスと中央アルプスに囲まれた急峻で狭隘な地形に位置する人口約 10 万人の街である。飯田市は1996 年に制定した基本計画に位置づけられる形で「21 環境プラン」が策定され、「環境文化都市」を目指して、ゴミの有料化や太陽光発電普及のための補助などの環境政策が進められた。

　年間約 2,240 時間もの恵まれた日照時間を活かして太陽光発電を進めるために、1997 年から太陽光発電設備の設置支援として融資斡旋と利子補給が行われてきた。環境省の補助事業に採択されて 2004 年からスタートした全国からの市民投資をもとにした太陽光発電導入事業は、先進事例として大変有名である。近年は再生エネ条例の制定を行い、地域協働型の再エネ事業を推進している。

4.2　市民参加型エネルギー事業とおひさま進歩エネルギー

　飯田市は 2004 年に環境省による補助事業「環境と経済の好循環のまちモデル事業」に選定され、パートナーシップによる市民参加型エネルギー事業に取り組んできたことで全国的に知られている。こうした市民参加型エネルギー事業の担い手になっているのが、「おひさま進歩エネルギー株式会社」（以下、おひさま進歩）である。

　おひさま進歩は、2004 年 12 月に「NPO 法人南信州おひさま進歩」が母体

となって設立した事業主体である。同NPOは飯田市内で太陽光発電やグリーンコンシューマー（環境に配慮した製品を選ぶことによって社会を変えていこうとする消費者）、廃食油回収などに関心を持って活動してきた人たちによって、2004年2月に設立された。NPOでは設立前後からバイオディーゼル精製実験プラントの活用と市民共同発電所に取り組み、2004年5月に市内の私立保育園である明星保育園に、約3kWの市民共同発電所「おひさま発電所1号」を設置した。この設置費用は補助金と寄付によって賄われた。

その後2004年夏に飯田市は環境省が募集した事業「環境と経済の好循環のまちモデル事業」に採択され、CO_2を削減しながら経済効果を生み出すしくみづくりに取り組んでいくことになった。飯田市ではファンドを組成して市民出資で資金を調達し再エネ導入と省エネ事業を行うことを考え、地域内の多くの主体に呼びかけて事業を推進する組織の立ち上げを検討した。そのなかで、リスクを負うことも覚悟の上で事業の推進主体となるおひさま進歩を設立した。

同社の設立と同時に事業は開始され、太陽光発電、省エネの両事業に対して市民出資（南信州おひさまファンド）を募集し、個人・法人合わせて460名より、満額の2億150万円を調達した。これによって、商店街でのESCO事業の実施と飯田市内の保育園・幼稚園・公民館などの計37カ所に計205kWの太陽光発電が設置された。飯田市と事業主体であるおひさま進歩との間には、公共施設の屋根を20年間という長期で提供し、発電された電力を固定価格で買い取る契約が結ばれている。こうした太陽光発電の収益と商店街での省エネサービス事業による収益を合わせて、出資者には出資金額に応じた利回りでの返済が行

明星保育園に設置されたおひさま発電所1号
（写真提供：おひさま進歩エネルギー株式会社）

われるしくみになっている。

　2009年には余剰電力買取制度（1章＊4）でも経済的に成立するモデルを目指して、太陽光発電を初期費用0円で設置し、9年間、毎月1万9,800円を設置者から支払ってもらうことで、設置初期費用0円で住宅に太陽光発電を設置できる「おひさま0円システム」を始めている。太陽光発電設置の初期コストがかからず、10年目以降は設備が設置家庭に譲渡されることから、一般家庭107世帯（合計380kW）に普及することになった。

　2012年からはFITを活用して、地域の施設や事業所の屋根や土地を20年間借りて市民太陽光発電事業を行い、屋根や土地の提供者に売電収入から賃借料を支払う「メガさんぽプロジェクト」を始めている。同プロジェクトではこれまでに飯田市内で事業所の屋根や自動車学校、コミュニティセンターや学校などの公共施設に計34施設、合計1,073kWの太陽光発電を設置している。

　おひさま進捗では、飯田市内での事業実施の経験をもとに、全国各地での再エネ事業の資金調達の支援を行っている。各地での再エネ事業の資金調達のために市民ファンドを組成し、全国の市民からの出資金募集を代行している。飯田市内外の事業を合わせて30億円以上を募集し、6,739kW、351基、再投資分も合わせると7,967kW、397基をこれまで導入・支援してきている。

4.3　公民協働事業をバックアップするしくみ

　飯田市は2009年頃から地域が主体になった市民共同小水力発電事業の可能性について検討してきた。その結果、小沢川で170kWの発電事業を検討することになった。事業主体として上村地区自治会が発電会社の立ち上げと運営を担い、売電収入は地元に還元することで、住民主体で地域課題を解決していくための原資を生み出そうというものだ。この事業を実現するにあたり、市では河川の利用権の設定を含めて、地域の資源を地域の主体が公益的に利活用できる制度を構築することが必要と考え、「飯田市再生可能エネルギーの導入による持続可能な地域づくりに関する条例」（飯田市再エネ条例）を制定した。

　飯田市再エネ条例の特徴は、再エネ資源は市民の総有財産であり、そこか

ら生まれるエネルギーは市民が優先的に活用でき、自ら地域づくりをしていく権利があることを「地域環境権」として明確化したことである。飯田市以前に制定された再エネ条例が、地域資源の活用は地域でこそ進められるべきとの理念を謳った条例であったのに対して、飯田市の再エネ条例は権利を賦与し、その利活用を推進する条例となっている。

具体的には、市内で活動する公共的団体が再エネ事業を通じて行う地域づくり事業を「公民協働事業」に位置づけて、飯田市が、事業の信用補完、無利子融資、助言などの支援を行う。ここでポイントになるのが、市長の諮問機関「再生可能エネルギー導入審査会」である。再エネ審査会は、市内外の学識者、実務者、弁護士、再エネ事業者、電力会社、金融機関などの 10 名のメンバーで構成されている。専門的なアドバイスを行うことで事業運営の継続性や安全性を高め、金融機関も初期の検討段階から加わることで、事業実施にあたって必要となる資金を、信用性を担保に、債務保証なく獲得することができる。このように飯田市の再エネ条例は、大規模な再エネ事業を規制することよりも、地域の主体が行う、地域に根ざした再エネ事業を具体的に支援し、その品質を高めることで地域づくりに貢献しようとしている点が大きな特徴といえる。

飯田市では再エネ条例施行後、8 件の太陽光発電事業が地域公共再生可能エネルギー活用事業として認定されている。このなかにはおひさま進歩が関わっている事例も多く、例えば、地区（自治会）や地域づくり委員会などが主体として市と協定を結び、コミュニティセンターや学校などの公共施設の屋根の提供を市から受け、その屋根におひさま進歩がメガさんぽ事業として太陽光発電を設置するケースもある。おひさま進歩は、屋根を提供している地域主体に売電収入から寄付したり、非常時の電源提供を行っている。このほかにも住民団体が市から屋根の提供を受け、地域に根ざした電気店との協働で屋根に太陽光発電を設置するケースや、中学校の生徒会が中心になり地区が連携して太陽光発電事業推進協議会をつくり、中学校に太陽光発電を設置するケースがあり、飯田市における再エネ事業は市民参加型から多様な主体による協働型へと発展してきている。

4.4 公民協働を育んだ公民館活動

　飯田市において地域資源を活用した再エネ事業が、公民協働で進められて
きた背景として、その自治制度としての公民館活動とそれを支える行政の体
制がある。飯田市公民館は、「地域中心」「並立配置」「住民参画」「機関自立」
の四つの運営原則に基づき運営されており、なかでも「住民参画の原則」が、
飯田市公民館の最大の特徴である。地域住民から選出された「文化」「広報」
「体育」などの専門委員が中心となって公民館事業を企画・運営し、その取り
組みを同じく地域住民から選出され、教育委員会より任命される館長と、市
役所職員である公民館主事が支える体制がとられている。こうした体制のな
かで地域の課題について住民自らが考え、学習を行い、それを行政が支える、
この地域自治の経験が、市民参加型の再エネ事業を進める土壌になっている
と考えられる。また、こうした再エネ分野における公民協働のあり方を、さ
らに進める形で明確にしたのが再エネ条例であった。

　今後の飯田市の課題としては、環境モデル都市として示してきた高い目標
とビジョンの達成はもちろん、さらなる再エネ導入の可能性を追求していく
ために、改めて市内の再エネの賦存量調査を行い、それをもとに再エネを戦
略的に地域で活用するための方針をまとめていくとのことだ。　　（豊田陽介）

5　オーストリア・フォーアールベルク州
　──野心的なエネルギー戦略を実現するステークホルダーの連携

5.1　フォーアールベルク州の概要

　フォーアールベルク州（Vorarlberg）は、オーストリア西端に位置する人口
約38万人、96の基礎自治体を有する緑豊かな地域である。中心都市のドル
ンビルン市でも人口約4.7万人で、多くは人口1万人未満の小規模な自治体
で構成されている。林業、建築業が盛んで、豊かな自然を活かした観光業も
重要な産業となっている。

5.2　EU および国のエネルギー政策

　欧州では、EU のエネルギー政策が、国を超えた上からの強制力として働

くことで、多くの国で積極的なエネルギー政策が進められている。特に再エネの分野では、2009 年に「再生可能エネルギー指令（Directive 2009/28/EC）」が合意され、2020 年までに EU 全体の最終エネルギー消費の 20% を再エネで賄うなど野心的な目標が設定されている（枝廣（2015））。

　その目標実現のために、国レベルでもさまざまな政策が実践されている。例えばオーストリアでは、2009 〜 10 年にかけて「エネルギー戦略オーストリア 2010」という参加型プロセスによる戦略策定が行われ、エネルギー消費を 2005 年レベルに抑える目標が設定された。同じく 2009 年に「気候エネルギーモデル地域」というプログラムもスタートし、エネルギー自給を政治的な目標として行動する地域を、助成金やコンサルタントによりサポートし、ネットワーク化する体制も整備されている（滝川（2012）、ペーター・ウィッシュほか（2014））。

5.3　フォーアールベルク州の取り組み

　フォーアールベルク州は、原発保有国のスイスやドイツに接しており、1978 年の原発の是非についての国民投票の際には、特に強硬に反対した地域である。ここでは、州のエネルギー政策の枠組みを支える組織体制と将来ビジョンについて紹介する。

（1）エネルギー政策の推進体制

　フォーアールベルク州のエネルギー政策は、政治、行政、産業界、そして市民社会を包含した協働体制で運営されている（図 1）。

　エネルギー政策の実質的な意思決定機関である「運営委員会」は、州のエネルギー担当大臣の直轄で、州の経済や環境、広報などの担当大臣や、州議会に議席を持つすべての政党のエネルギー担当者、行政の最高責任者、エネルギー研究所フォーアールベルク（後述）、州のエネルギー供給会社などが参加しており、年に 3、4 回会合を開く。

　「フィードバック・グループ」は、アドバイザーとしての機能を果たし、雇用者連合、労働者連合が参加している。雇用者、労働者双方の意見を反映させることが、政策実践には欠かせないと考えられているからである。

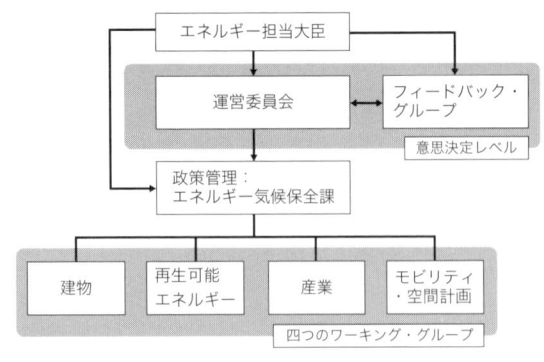

図1　フォーアールベルク州のエネルギー政策推進体制（出典：Vogel（2015）をもとに筆者作成）

　現場での実践を管理するのが、州のエネルギー気候保全課で、四つのワーキング・グループ（WG）をコーディネートする。WGには行政、産業界、NGO、一般市民などが参加しており、定期的な会合を開いている。さらに、それぞれのWGの下には、個別事例を扱うフォーカス・グループが設置されている。例えば建物WGには電力効率化戦略グループ、再生可能エネルギーWGには、農業におけるエネルギー利用グループなどが設置され、特に重要な課題について、重点的な取り組みを進めている。

(2)　エネルギー利用戦略「ビジョン2050フォーアールベルク」

　「ビジョン2050フォーアールベルグ」はEUや国の目標値も視野に入れつつ、2050年までに州内で持続可能なエネルギー利用を実現するための戦略で、州のエネルギー対策全体をコントロールする最上位戦略として機能している。100人の地元の技術者や建築家といった専門家を10のWGに分けて、70回に及ぶワークショップと3回のエネルギー・カフェ（一般住民を招いた議論）を開催し、2007年から2年をかけて策定された。このプロセスのなかで、2050年までに、再エネの生産量を2005年度の1.5倍増加させ、エネルギー消費量を60％減少させることが当時の技術力で可能であることが証明され、その達成のための300を超える活動項目が選定された。

　この成果をもとに、2020年を目標年に設定した、より具体的な対策パッケージも2011年に策定している。ここでは、省エネ対策に反対しそうな産業

界の代表やロビイストなども最初から WG に招き、一緒に対策を考えていくことで、実践の際の障壁をできるだけ取り除くよう配慮されている。最終的に 101 の対策が選定され、2012 年に議会において、その対策の推進が全会一致で可決された。現在は、そこからさらに 40 の優先課題を選定し、WG が中心となって地域での実践活動を進めている。

(3)「e5 プログラム」への注力とサポート体制の構築

「e5 プログラム（e5-Programm）」とは、国が主導する認証制度で、自治体の環境・エネルギー政策を総合的に評価するクオリティ・マネジメント・システムである（詳しくは 5 章参照）。州では、e5 指標を達成目標として取り組む自治体を、外部の中間支援組織「エネルギー研究所フォーアールベルク」（以下、EI フォーアールベルク、6 章参照）を通して積極的にサポートしている。EI フォーアールベルクは、州、地域の電力・ガス会社、商工会議所、組合銀行など、13 の団体の出資により 1985 年に設立された。現在も研究所のコア・コストの 3 分の 2 をこれらの組織で負担している。

EI フォーアールベルクは、参加自治体が地域で組織する「e5 チーム」自体の能力を高める研修や、法律情報の提供、地域での実践活動の補助といったサポートを提供する。それにより州が設定する目標を地域で実践する、いわば「政策のつなぎ役」として大きな役割を果たしている。

このような専門組織を外部に持つ効果として、一つは、州や自治体が専門知識を持つスタッフを多く抱える必要がなくなることが挙げられる。また、その時々の政治的状況に左右されることなく、専門的見地から地域に必要なエネルギー対策を追求することができる。さらに、その独立性は、地域の利害関係者間の関係性を強化するコーディネーターとしての役割を担うのにも適している。

5.4 ランゲンエッグ村の取り組み

ランゲンエッグ村（Langenegg）は、中心都市ドルンビルン市から 20km ほど離れた中山間地に位置する小さな村である。大部分が森林と牧草地で、酪農業が主要な産業となっている。人口は 1,200 人ほどだが、エネルギー政策

に力を入れ始めた 20 年ほど前から現在までで 200 人ほど増加している。こ
れは、エネルギー政策を地域運営の中心に据えつつ、移住者にやさしい住宅
政策、住民活動を支援する施設やイベントの整備など、住民の生活の質を高
める政策を包括的に打ち出してきた成果である。

　ランゲンエッグ村は、州が e5 プログラムを開始した 1985 年に最初に参加
したモデル地域の一つである。当時の状況に危機感を持っていた住民および
自治体職員が、EI フォーアールベルクのサポートを受けながら、これまで
300 以上のプロジェクトを実現し（表1）、わずか 6 年間で最高ランクの五つ
の e を取得した。e5 プログラム担当の職員は、EI フォーアールベルクでエネ

ランゲンエッグ村中心部に位置す
るパッシブハウス基準で建設され
た幼稚園

表1　ランゲンエッグ村の e5 プログラムの例

温水循環ポンプの交換

循環ポンプを省エネ型に交換。村で一括購入することで住民に安く提供。また、施工を地元業者に出すことで地域経済にも貢献

公共施設のパッシブハウス化

役場や幼稚園など、五つの公共施設をパッシブハウス基準で建設。最先端の建物により、地域住民のモチベーションを高める

太陽光発電の整備

域内に自治体が 3 カ所、計88kW のパネルを所有。現在パッシブハウス化している小学校の屋根にもさらに 62kW のパネルを設置予定

頻繁な公共バスの運行

周辺自治体と協力して、住民 1 人あたり 50 ユーロ（約 6,500 円）の資金をバス会社に払うことで、2 時間に 1 本だった運行を 30 分に 1 本に増便

ルギー・アドバイザーのトレーニングを受け、欧州のエネルギー・マネージャーの資格も得た。現在では、彼自身が研究所公認のアドバイザーとして、地域のさまざまなプロジェクトを主導するまでになっている。

　ランゲンエッグ村の成功の要因として、まずは、国や州がエネルギー戦略をしっかりと提示してそのための正しい政策（前述したビジョン 2050 や e5 プログラム）を準備し、その実践の専門的サポートを継続的に提供するしくみを整備していることが挙げられる。上層レベルの戦略の明確性とサポートの具体性が、地域レベルの積極的な活動を展開しやすくしている。

　また、現場レベルでは、危機感を持った住民がボランティアとして参加したことで、行政と住民との間に良好で継続的な協力関係ができたことも重要な要素であった。

　そして何より、自治体の e5 プログラムの取り組みが、その基準を満たすためではなく、あくまで住民のメリットを一番に考えて行われてきたということがある。e5 取得は、あくまでその積み重ねの結果にすぎないという自治体のスタンスが次第に理解され、より多くの住民が協力的になっていったとのことであった。

5.5　政策の連関と活動の連携

　フォーアールベルク州の事例からは、EU から基礎自治体という国を超えた縦の政策連関と、EI フォーアールベルクをハブとした利害関係者間の横の

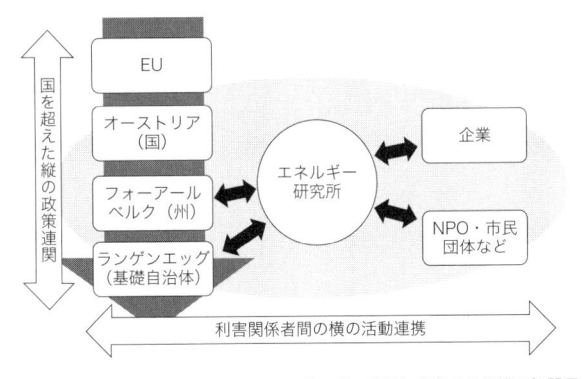

図2　フォーアールベルク州におけるエネルギー政策を推進する組織の相関図

活動連携が相互に作用し、着実な効果をあげていることがわかる（図2）。

　州や自治体の職員、EI フォーアールベルクのスタッフには、EU や国レベルで政治がしっかりとエネルギー問題に向き合い、戦略を示すことの重要性を共通に認識していた。それに加えてフォーアールベルク州では、その戦略を実践に移す利害関係者のネットワークを構築し、それを育てる組織と制度を整備したことが、大きな成果を生み出してきた要因と考えられる。

（的場信敬）

　本稿は、的場信敬（2016）「オーストリア・フォーアールベルク州のエネルギー政策を支える社会的基盤」『人間と環境』第 42 巻 第 1 号、日本環境学会の内容に大幅な修正を加えて再掲したものである。

6　オーストリア・フェルトキルヒ市
─暮らしの質を高めるためのエネルギー政策

6.1　フェルトキルヒ市の概要

　フェルトキルヒ市（Feldkirch）は、オーストリアの西端、フォーアールベルク州にある人口約 3.5 万人、面積約 35km² の街である。丘の上には古城がそびえ立ち、旧市街は中世の趣を今に伝え、500 年前に建設された市庁舎が現役で使われる歴史のある街である。

6.2　公共交通の充実で住民の利便性を向上

　この街は、オーストリアの脱炭素型の自治体づくりの認証・マネジメントシステムである「e5 プログラム（e5-Programm）」（5 章参照）に参加しており、エネルギー研究所フォーアールベルク（6 章参照）の支援を受けて取り組みを行っている。2006 年の最初の認証時にすでに e4（5 段階評価の 4 番目）を取得しており、2010 年の再認証の際に最高ランクである e5 に認証された。

　市は中心市街地と周辺の緑地を大切にし、スプロール化を防ぎながら、公共交通を便利にするさまざまな取り組みを行っている。例えば、すでに開発が許可された民有地を「緑地」に指定し直して自然に戻していく。スーパーを建てるときには、電気自動車の充電スポットや自転車置き場を設置し、自転車による宅配サービスの実施等を義務づける。中心部の店舗には、車で運

フェルトキルヒ市の旧市街

中心部のバスターミナル

ばなければならない商品の販売を禁止し、市街地への車の流入を防いでいる。

　市内には鉄道が通り、多くのバスが走る。バスは鉄道と相互調整されており、乗り換え時間は 4 〜 8 分程度である。主要部は 15 分に 1 本、周辺部へと延びる路線も 30 分に 1 本の頻度でバスが走る。2016 年の年間バス乗車人数は 800 万人に達している。これは、住民 1 人当たり 230 回利用している計算になる。

　住民の 75％は年間定期券を所有している。定期券の金額は、市内限定ならば 160 ユーロ（約 2 万円）。州全体対象のものが 365 ユーロ（約 4.7 万円）と安価に抑えられている。

　さまざまな取り組みが奏功し、移動における車の分担率は過去 10 年に10％も減少した。そしてなにより、住民の暮らしが便利になっている。建設

局のメドラーグル氏も「住民の暮らしにとって公共交通は極めて重要。政治家もこれを重視しており、この政策を弱めることはない」と語る。

6.3 エネルギー事業を統括する公社

市内には、フェルトキルヒ市自治体公社 (Stadtwerke Feldkirch、市が 100% 出資する公社) が所有する 3 カ所の水力発電所がある。1906 年から続く歴史のあるものと、2003 年と 2014 年に建設されたものである。合計出力は 13,500kW。近年の二つの発電所建設にあたっては、いずれも市民からの出資が募られ、短期間で募集枠に達した。3 カ所の発電により、市内の電力消費量の 36%が賄われる。残りは州の公社からの電力を購入しているが、この州の公社も水力発電を中心に発電をしている。

フェルトキルヒ市自治体公社は、ほかにも配電事業、地域熱供給事業、そして市バス事業などを運営し、100 名の従業員を雇用している(市バスの運行自体は外部委託しており、この数に運転手は含まない)。安定したエネルギー事業による税収は、公共交通の利用促進に充てられている。市と公社が自らエネルギー事業を行うからこそ、地域外に資金を流出させることなく地域内に再投資して好循環させることができている。

6.4 エネルギー消費を絞った文化芸術センター

2015 年、街のシンボルでもある古城のすぐ下に、新たに文化芸術センターが建てられた。「郊外に建設するのではなく、文化保護区域にこのプロジェクトを実施したのが画期的だった」とメドラーグル氏は語る。建築にあわせて、周辺の 11km² が車の乗り入れ禁止区域に設定された。

建物の材料は、その 90%がオーストリア国内産のものが使われた。ふんだんに使われた木材はすべてが州内産である。非常に高い断熱性能で建てられており、吸排気の熱交換もなされるので、極めて少ないエネルギーで快適な温熱環境を得られる。冷暖房は地下水ヒートポンプによって行われるためエネルギー消費は少なくて済む。照明は LED が使用されており、エレベーターは回生ブレーキ*4 による発電を行っている。使用される電力は、水力発電を中心とする 100%再エネで賄われている。つまり、この建築物の運用には、

フェルトキルヒ市自治体公社が所有する水力発電所

CO_2 排出ゼロで運用される文化芸術センター

石油やガスは一切使用されず、CO_2 排出はゼロである。

　駐車場は 75 台分しか準備されていない。これは「来場者に公共交通や自転車、そして徒歩で来てもらうことで、街を感じてもらうため」（担当者）である。また、ホールのエントランスや階段部分の外壁は大きなガラスとなっており、中の様子が外からよく見える。これは「ハレの場の正装の雰囲気を街に拡散させるため」（担当者）とのことである。文化・芸術が、文字通り街の中心に据えられているのである。

6.5　暮らしの質の向上が住民を巻き込む秘訣

　フェルトキルヒ市は、なぜこのような取り組みを行うことができるのであろうか。

持続可能な地域づくりを目指す EU。これに呼応し、地域が主役となる形でのエネルギー自立を目指す国や州の政策。加えて、制度面で取り組みを支援する「e5 プログラム」と、ノウハウ面で取り組みを支援する「エネルギー研究所フォーアールベルク」。さまざまな制度・組織が、重層的に市町村の取り組みを支えている。

フェルトキルヒ市ではこれらの制度と連動する都市開発計画が議会で承認されており、気候変動対策は、お題目ではなく実効性のある形でまちづくりに落とし込まれていく。そして、メドラーグル氏が「最も重要なのは、市民が参加すること。私たちの仕事の大半は、市民と持続可能な地域づくりとをどう結びつけるかだ」と語る通り、これらの社会的基盤のもとで、住民の参加を得て持続可能なまちづくりが成り立っている。

気候変動対策を暮らしや地域経済から切り離して考えるのではなく、住民を主役に据え「暮らしの質の向上」を最優先に考える。だからこそ、住民がこの政策を支持し、政策は前に進む。ここにフェルトキルヒの成功のポイントが存在するといえる。 (木原浩貴)

7 ドイツ・ヴィルポーツリード村
─売電収入で公共サービスを充実させるエネルギー自給村

7.1 ヴィルポーツリード村の概要

ドイツでは、1986 年のチェルノブイリ原発事故以降、紆余曲折しつつも再エネの導入・普及を国をあげて進めてきた。特に、2000 年の再エネ法で設定された固定価格買取制度（FIT）が契機となり、市民や中小企業、地方自治体が主体となったエネルギー源転換の動きが急速に広まった。

そのなかでも先進事例として知られているのが、バイエルン州最南端に位置するヴィルポーツリード村（Wildpoldsried）である。豊かな自然資源を活かした農林業や観光業を主要な産業とする人口 2,500 人ほどの小さな村で、以前は「ごく普通の農村」（村上（2012））であった。

この村の特徴は、再エネ導入によるエネルギー源転換とエネルギー自立にとどまらず、その売電収入により、さまざまな公共サービスの充実を図り、

住民の生活の質を高め、包括的に持続的な地域運営に取り組んでいる点にある。

7.2　再生可能エネルギー事業による公共サービスの充実

　ヴィルポーツリード村では、木質ペレット、バイオガス、太陽光、風力、地中熱、小水力など多様な再エネの活用を進めており、その発電量は、村内の総電力使用量の500%を超える。金額にすると、年間の売電収入が600万ユーロ（約8億円）ほどで（ここから投資への配当や運営諸経費が引かれるので純利益ではない）、これはヴィルポーツリードの年間予算とほぼ同額である。これほどの外部からの収入はほかにはなく、自治体の貴重かつ最大の収入源となっている（詳しいデータは的場（2015）参照）。これらの再エネの売電によって地域にもたらされた資金は、住民の生活の質を高めるために、地域のさまざまな公共サービスの充実に活用されている。

(1)　利用料の安い保育・教育施設の充実

　ヴィルポーツリード村には、保育園、幼稚園、小学校があるが、再エネの収益の一部がこれらの運営に充てられている。幼稚園と保育園は有料だが（小学校は無料）、週5日終日子どもを預けて1カ月150ユーロ（約2万円）と安価で、計画中の風力発電の売電収入の一部を活用して、この金額をさらに下げることを検討中である。周辺自治体の中で唯一子どもの人口が増加しており、定員80名の幼稚園はすでに満員状態になっている。

　また、早くから地元産の無垢材を使った木造校舎や地元の木工業者の椅子や机を採用するなど、環境にやさしくまた地場産業を奨励するような施設運営を行ってきた。コスト的には割高になるが、導入から20年以上経つ現在も、それらの建物や備品が問題なく利用できていることもあり、そのような自治体のビジョンは住民に支持されている。

(2)　7割の住民が利用する運動施設の建設

　村の中心部には、大きなサッカー場と体育館が整備されている。体育館は、バスケットボールコートのほか、ジム設備も完備している。年間36ユーロ

太陽光パネルで覆われた体育館（中央）と公共施設

（約 4,700 円）ですべての設備が使い放題ということで、全住民のうち 7 割近い人が会員になっている。

この施設は、自治体が資金を出して地元木材をふんだんに使って建設された。その後メンテナンスの費用は、施設を利用する地元のスポーツ系 NPO が支払う形で運営されている。ただ、メンテナンス費用については、体育館の屋根に設置した太陽光発電の売電収入で賄えており、NPO を資金的にもサポートするかたちで運用されている。

7.3　成功を導いた政治・制度・人

（1）新しい政治体制

1996 年、現在 3 期目を務めるアルノ・ツエンゲーレ氏が首長に就任し、同時に当選した多くの熱意ある若手議員と共に、地域住民の声を十分に取り入れた地域運営を行う体制を整えたことが大きな転機となった。地域住民と自治体の将来像について議論を重ね、最終的に、高齢者ホームや教育施設の充実、体育館や劇場の建設など、地域の将来の夢をウィッシュリストとしてまとめた。2000 年には、それらをもとに「再エネ・地元木材・水」の三つを柱とした「エネルギー村」を目指す地域コンセプトを設定している。

夢の実現のために自治体が活用したのが再エネであった。ちょうど 2000 年にドイツで「再エネ法」が成立し、市民が発電事業に参入し売電収入を得やすくなったことが取り組みを大きく後押しした。また、そのプロセスの中で築きあげた住民との信頼関係が、現政権の安定かつ継続した地域運営を可能にしてきた。

(2) 制度的インフラの充実

ドイツでは、まず国レベルにおいては、2000年に再エネ法とFITが制定され、売電収入を得られるしくみが制度化された。また、比較的簡単に市民が組合を組織し、集団で投資できるしくみが整備されている。さらに、古い温水循環ポンプや暖房設備を効率の良いものに変更する際や、新築建物に再エネを活用する設備を導入する際の資金補助の制度も充実している。

自治体レベルでも、例えばヴィルポーツリード村では、住民が自宅のエネルギー効率や再エネ導入のコストといった疑問を専門家に無料で相談できる「エネルギー・コンサルタント」の制度や、教育関係者や技術者向けの再エネ導入に関する研修コース、さらには、無料の電気自動車用の充電ブースなども整備されている。こういった多様かつ重層的な国や自治体のサポート体制が、住民の再エネへの関心を引き起こし、環境に配慮した生活への転換や再エネへの投資といった行動を促している。

(3) 住民を巻き込むプロセスとキャパシティ・ビルディング

現首長と議員は、就任以降一貫して住民の地域運営への参加を重視してきた。前述した教育施設や運動施設の建設時には、それを利用する住民とワークショップなどで議論を深め、利用者の意見を施設のデザインに反映させるなど、徹底した巻き込みを図っている。このプロセスが、住民の当事者意識を醸成し、施設の利用率増加や地域運営へのさらなる参加を促している。

このようにして建設された公共施設の屋根には太陽光パネルが設置され、その収益は地元のNPOなどに分配されるしくみとなっている。NPOは、その資

子どもの親がデザインした保育園の遊具

金を使って自分たちが利用する施設のメンテナンスを行う必要があるが、残りは活動資金としても使える。つまり、再エネが、NPO など市民活動のキャパシティ・ビルディング（能力構築）にも活用されている。

（4）住民と行政の信頼関係の醸成

　以上のようなプロセスを通して、住民と行政の間にしっかりとした信頼関係が生まれている。行政は当初、地元の農家で特に再エネ導入に熱心だった数名の住民と共に実験的に事業を始めて、少しずつ成功体験を積み重ねることで、地道にほかの住民へ再エネへの投資の有効性を示してきた。常に情報を公開し、丁寧に説明することで、最初は懐疑的だった住民も、次第に再エネ事業に参加するようになった。お金を銀行に預けるのではなく、地域社会のために投資してもらうためには、以上のような当事者意識や行政との信頼関係の構築が重要になる。

7.4　再生可能エネルギーを地域運営の本流に

　副首長のギュンター・モーゲル氏は、「ドイツ人は環境保全や再エネ導入に熱心な人が多いと思われているかもしれないが、"善い行い"というだけで投資してくれる人は少数派だ。やはり重要なのは、投資によってどれだけの経済的リターンがあるのか、地域の生活が改善されるのか、といった点をわかりやすく住民に示すことだ」と話してくれた。ヴィルポーツリード村の事例は、そのために必要な「政治」「制度」「人」の各要素が上手くかみあって機能している好例である。

　ここで重要なのは、これらのポイントのどれが欠けても、ヴィルポーツリード村のこれまでの成功は実現していないだろうということである。再エネを導入しそれを地域運営の本流に位置づける「政治の意志」と、その意志を政策や資金の面からサポートする「制度的インフラ」、そしてそれらを実際に活用する「人材（市民・職員・NPO など）と信頼関係」という三つの要素が地域に存在し、さらにそれをしっかりと連携させて動かす必要がある。その連携は、地域の長たる首長による所が大きいが、ヴィルポーツリード村では、ツエンゲーレ氏が有能な議員らとリーダーシップをとりつつそれを可能にし

てきたという経緯があった。

　ヴィルポーツリード村の事例から考えると、行政のみ、あるいは民間企業や市民のみの再エネ事業では、成果を生み出すのは困難に思える。行政だけでは、継続的な投資の確保が難しく、民間だけでは、導入の成果を地域政策の本流に接続することができないからである。住民と行政の連携がこの成果を生み出している。
（的場信敬）

　本稿は、的場信敬（2015）「再生可能エネルギーを地域社会の持続的発展に活用する：ヴィルポーツリード村の挑戦」『地域開発』Vol. 606、日本地域開発センターの内容を大幅に修正し再掲したものである。

＊1　国際的な非営利組織、「森林管理協議会（Forest Stewardship Council）」が実施する、環境、社会、経済の観点から適切に管理された森林を審査、認証する制度（Forest Management 認証）。合わせて、FM 認証を受けた森林から生産された木材製品を認証する「加工・流通過程の管理の認証（CoC 認証）」も実施されている。
＊2　供給熱量から換算。
＊3　2016 年から商工会商品券に変更されている。
＊4　通常は駆動用に使うモータを減速時には逆に発電機として使用し、運動エネルギーから電気を生み出すブレーキ。

〈参考文献〉
・Energieinstitut Vorarlberg　https://www. energieinstitut. at/gemeinden/das-e5-landesprogramm/e5-gemeinden-in-vorarlberg/e5-gemeinde-in-feldkirch/
・Stadt Feldkirch　http://www. feldkirch. at/stadt/energieportal/e5-programm
・Montforthaus Feldkirch　https://www. montforthausfeldkirch. com/
・Stadt Feldkirch（2017）Nachhaltige Stadtentwicklung, Energiepolitik und Mobilität in Feldkirch（フェルトキルヒの持続可能な都市開発、エネルギー政策とモビリティ）ヒアリング調査時資料
・Mögele, Günter（2014）Welcome in Wildpoldsried（ギュンター・モーゲル副市長によるプレゼンテーション資料）
・Vogel, Christian（2015）Energieautonomie Vorarlberg : gemeinsam die nachsten Schritteh（エネルギー自立フォーアールベルク：協働で次のステップへ）、ヒアリング時配布資料
・枝廣淳子（2015）「ルポ・木質バイオマスで地方創生：オーストリア『ギュッシング・モデル』とは何か」『世界』No. 876
・下川町（2014）「エネルギー自立と地域創造──北海道下川町のチャレンジ」
・下川町（2015）「下川町まち・ひと・しごと創生総合戦略」
・下川町環境未来都市推進課（2016）「Forest Future City Shimokawa」
・滝川薫（2012）「第 3 章 オーストリア」、滝川薫編著『100%再生可能へ！欧州のエネルギー自立地域』学芸出版社
・豊田陽介（2014）「再生可能エネルギー普及による地域からのエネルギー転換と地域活性化の取り組み」『人間と環境』40（3）
・西粟倉村教育委員会（2014）「西粟倉村教育振興基本計画」
・西粟倉村（2014）「環境モデル都市行動計画」
・ペーター・ウェイッシュ、ルパート・クリスチャン著、枝廣淳子訳（2014）「オーストリアの原子力への『ノー』：なぜ脱原発が可能だったのか」『世界』No. 855
・保母武彦（2013）『日本の農山村をどのように再生するか』岩波書店
・的場信敬（2015）「再生可能エネルギーを地域社会の持続的発展に活用する：ヴィルポーツリード村の挑戦」『地域開発』Vol. 606、日本地域開発センター

・的場信敬（2016）「オーストリア・フォーアールベルク州のエネルギー政策を支える社会的基盤」『人間と環境』第 42 巻 第 1 号、日本環境学会
・村上敦（2012）「ヴィルトポルツリート村：2020 年より先の未来を占う」、滝川薫ほか『100％再生可能へ！欧州のエネルギー自立地域』学芸出版社

ENERGY GOVERNANCE

3章
エネルギー・ガバナンスにおける
地方自治体の役割

的場信敬

1　社会的基盤としての地方自治体

　序章で、地域エネルギー・ガバナンスを支える社会的基盤について、「政治・行政の意志（リーダーシップ）」「意志を実現する制度・政策」「制度・政策を支える人材・組織」の三つの要素を提示したが、これらすべての実現に最も直接的に関わるのが、地方自治体である。「ガバメントからガバナンスへ」という議論が交わされるようになって久しいが、自治体が地域運営のリーダーであり最終的な意思決定者であることは、日本においても他の国々においても変わらない。例えば本書で議論している、中間支援組織（6、7 章参照）や自治体のクオリティ・マネジメント・システム（5 章参照）、エネルギー協同組合（4 章参照）といったエネルギー政策に関する支援制度は、最終的に自治体が採用することがなければ、望ましい地域エネルギー・ガバナンスを実現することは難しい。

　もちろん地方自治体は、所属する州や国、EU といった上層の「ガバメント」の政策や戦略に（良くも悪くも）影響を受けるが、地域においてそれらの影響を判断し意思決定を行うのは自治体である。それだけに、地域エネルギー・ガバナンスを支える社会的基盤の整備は、自治体の能力に大きく左右されるといっても過言ではない。つまり、その推進に積極的な自治体の存在自体を、社会的基盤の一つとして捉えることができる。

　そこで本章では、冒頭に示した社会的基盤の三つの要素に関わる国内外の取り組みにおける、地方自治体の政治的・政策的なスタンス（立場）を軸に据えて分析していく。自治体がどのようなスタンスを持てば、エネルギー政策を中核に据えた持続可能な地域運営ができるのか、これまで筆者らが訪問調査した具体的な事例を参考にしながら検討する[*1]。

2　政治・行政の意志をどのように確保するか

　過去 4 年間の欧州諸国（ドイツ、スイス、オーストリア、イタリア）の地方自治体調査において、筆者はほぼ例外なく、対応してくれた職員に「エナギーヴェンデ（エネルギー転換）のために最も重要なことは何か」という質

問を投げかけた。その返答のなかで最も多かったものが、「地方議員（政治家）の理解や同意を得ること」であった。特に、地域の包括的なエネルギー戦略や持続可能な発展戦略、都市マスタープランなど、地域の将来像や戦略フレームワークなど最上位の政策を司る地方議員からの「お墨つき」は、エネルギー関連政策を具体的に進める上で重要である。

　例えば、オーストリア・チロル州のヴェルグル市（人口 1.3 万人）では、2008 年に、2025 年までのエネルギー自給（交通分野除く）の道程を示したエネルギー政策のマスタープラン「ヴェルグル・私たちのエネルギー」を、大学研究者や実務専門家、住民の参加により策定したが、このマスタープランについて、地方議員 21 名の全会一致での決議を得ることにこだわった。主張の異なる会派や議員すべてから同意を得ることは大変であったが、専門的な知識や統計データなどを伝えながら時間をかけて説得を行い、最終的にはすべての議員から賛同を得た。自治体の最上位計画に 100％の政治的サポートを得たことで、その後の具体的な事業や計画などの議論や議決がスムーズに進むようになった。事実、ヴェルグル市ではこの後 2012 年に「エネルギー開発計画・ヴェルグル」を策定し、建物、都市開発、モビリティ、意志啓発などを包括的に扱うより具体的かつ野心的な取り組み（例えば 2050 年までに既存建築物の 50％をパッシブハウス基準で改築するなど）を進めている（久保田（2017））。

　このように、政治的意志がいったん示されると、現場の実務家（自治体職員や外部の自治体公社の社員など）はかなり柔軟にエネルギー政策や事業を打ち出せるようになる。逆に言えば、議会からの信任が得られなければ、地域運営の中核にエネルギー政策を据えることは難しい。つまり政治的なサポートは、エネルギー・ガバナンスの社会的基盤において、最初に満たすべき重要な要素といえる。

　それではなぜ欧州では、このように地方議員や自治体職員が比較的すんなりとエナギーヴェンデへの動きを受け入れているのであろうか。その要因の一つが、エナギーヴェンデへの取り組みが、単なるエネルギー源の転換にとどまらず、地域産業の活性化や住民の生活の質を高める取り組みとして理解されていることである。2 章の各事例からもわかるように、欧州の省エネル

ギー（以下、省エネ）や再生可能エネルギー（以下、再エネ）の取り組みでは、地元の建設業や観光業などで新たな雇用や業績改善といった成果が認められており、また「環境にやさしいまち」というイメージアップも相まって、地理的条件の厳しい山間部の小規模自治体でも移住者の増加につながっている。このように、地方議員にも自治体職員にとっても地域活性化のツールや効果的な投資先としてエネルギー政策の重要性を市民にアピールしやすい状況が生まれている。

　もちろん、このような経済的要因だけでなく、原発事故や地球温暖化といった外的要因への対応策としても、エナギーヴェンデは受け入れられている。チェルノブイリ原発の事故は、ドイツにおける原発政策の見直しにつながり、また福島第一原発の事故も、近年の欧州各国におけるエナギーヴェンデの取り組みを一層促進している。また、地球温暖化に対するパリ協定をはじめとする国際的な枠組みに対しても、訪問先の多くの地方自治体において、地域レベルでかなりしっかりと受け止めており、「地球の市民」として責任を果たすという意識が高いことがうかがえた。

　これについては、EU という国を超えた政治枠組みが大きな影響を与えている。2 章のオーストリア・フォーアールベルク州の事例でも紹介しているように、EU 諸国では、基礎自治体レベルにおいても EU 政策から大きな影響を受ける。二酸化炭素（CO_2）排出量削減などの規制的な影響もそうであるが、エネルギー政策を推進するための補助金などポジティブな誘導策に積極的に参画することで、経済的インセンティブにつなげている自治体も多い。

3　地方自治体を支える専門的人材・組織

　地方議員にエネルギー政策の必要性を認識させる際に重要なのが、エネルギーに関する専門知識と情熱あるいは危機感を持った専門家である。その役を担う者としてまず考えられるのが、自治体のエネルギー担当職員であるが、ここに日本と欧州諸国で大きな違いがある。

　日本ではこれまで、一部の専門職を除いて、ジェネラリストの養成や特定組織との癒着や業務における不正などを防ぐといった目的から、2、3 年ごと

に異動を繰り返す人事が行われてきた。そのため、新たな部署の専門知識についてはその都度学ぶ必要があり、かつ業務に慣れて庁外のパートナーとの連携が深まってきた頃に異動するということがしばしば見られる。

　一方、欧州の国々では、地方公務員は基本的には専門職で、例えばエネルギー担当部局であればエネルギー関連の学問を専門に学んだ人や、あるいは中途採用としてエネルギー関連企業の経験者を対象に募集されることが多い。博士号を持った行政職員も多く、専門的な見地で地方議員とのやりとりを行ったり、長期的なエネルギー戦略を考えることが可能となる*2。自治体全体の運営を考える上で、どちらのシステムが良いかは一概にはいえないが、少なくとも専門的知識を必要とするエネルギー政策に関していえば、欧州型の人事システムの方が理にかなっているように思われる。

　エネルギー担当職員以外で政治家や自治体の政策に影響を与えうるのが、本書でも取り上げている、自治体公社（4章参照）やエネルギー・エージェンシー（6章、7章参照）といった外部組織である。これらの組織の詳細については各章に譲るが、これらの組織は、長期的かつ専門的な視点から地域のエネルギー政策を支えることができる。また、これらの組織は、基本的には自治体とは独立した意思決定と組織運営を行うため、独立の立場から政策や地域運営を提言することができる。市民は地方議員を選ぶ際に、当然エネルギー政策のみで投票するわけではないので、エネルギー政策を重視しない（あるいは疎い）政権が誕生した際に、地域に必要なエネルギー政策を冷静に検討し提言できる組織はとても貴重な存在になる。

　また、特に自治体公社を持つ自治体は、行政内部の職員数を減らすことや、行政の役割を地域の利害関係者間の連携づくりや制度開発などエネルギー政策を円滑に進めることに注力することも可能になる。例えば、スイス最大の都市で電力自治体公社を持つチューリッヒ市（人口39万人）は、エネルギー担当課を1979年に設置したが、10年ほど前まで職員はたった1名で、2015年時点で3名のみであった。もっとも彼らの専門も、環境経済、エネルギー工学、エンジニアリングとエネルギー政策に直接関わるもので、公社や外部組織との専門的やりとりにも対応できる布陣になっている。ほかの自治体では、このようなエネルギー専門家に加えて、コミュニケーションや広報の専

門家などを配置する例もある。

　自治体公社にしてもエネルギー・エージェンシーにしても、当該自治体がその必要性を認識して設置していることが重要になる。6章でも紹介している、オーストリア・フォーアールベルク州のエネルギー研究所フォーアールベルクは、州政府と地域の電力・ガス会社、商工会議所、組合銀行など地域の利害関係者が、専門的な知識を有する独立した組織が必要だと考え立ち上げた。現在も、研究所のコア・コストの3分の2をこれらの組織で負担しており、地域の自治体や民間企業をサポートしている（的場（2016））。

　これらの人材や組織によって望ましいエネルギー・ガバナンスの形に少しでも近づけていくことは、日本の自治体でもできる。少しずつの前進が、次第に地域社会の変革を担うような自治体の醸成につながっていく。

4　包括的な地域エネルギー政策を実現する条例・計画

　地方自治体が、エネルギー政策の取り組みに対してどのような政治的なスタンスを持っているかが、その地域の社会的基盤の成立を大きく左右することはすでに述べた。そのような自治体のスタンスを示す最たるものとして、国内では、自治体が独自に制定できる条例やその実現のための各種計画が挙げられる。特にエネルギー政策に関しては、2000年代後半から次第に取り組みが進むエネルギー基本条例がある。

　白石・櫻井（2016）によれば、市町村レベルの再エネ基本条例は、2012年1月の鳥取県日南町の「日南町再生可能エネルギー利用促進条例」を皮切りに2016年4月までに29の自治体で策定されている。この論文では、これら29の条例を、地域社会における再エネ実装の発展プロセスに合わせて、「（再エネ）発電事業を促進する」条例、「（再エネという）地域資源は地域に資するように活用する」ことを謳った条例、「（再生エネ設備の開発から）地域の自然景観などを守る」ための条例、という三つの時期に区分して整理している。

　このように、再エネの実装や活用を促進するために次第に発展している再エネ基本条例であるが、地域エネルギー・ガバナンスの趣旨からすると、例

えば、自治体の憲法と呼ばれる自治基本条例の中で地域エネルギーのあり方や再エネ基本条例を位置づける、あるいは、再エネ基本条例と共に地球温暖化対策条例を策定し、交通や建築など包括的な地域の省エネ政策とも連動させながら、地域全体のエネルギー政策を構想する、さらには、再エネ基本条例の地域資源のパートを産業振興計画とつなぐ、といった条例や政策の連携により、エネルギー政策を地域運営の中核として機能させるような流れを生み出すことが必要である。

日本国内でも、一部の先進地域がこのような制度づくりに挑戦している。例えば、群馬県中之条町では、2013 年 6 月に「再生可能エネルギーのまち中之条」宣言を行い、再エネ資源を活用した地域経済の活性化を行う将来ビジョンを設定した上で、直後に「中之条町再生可能エネルギー推進条例」を策定し、その取り組みを制度化した。それが、日本初の自治体主導による新エネルギー会社「一般財団法人中之条電気」の設立にもつながった（環境省総合環境政策局環境計画課（2015））。

また、北海道下川町も、再エネ基本条例の制定こそ行っていないものの、豊富な森林資源を活用したまちづくりを進めるべく、国が募集した「環境モデル都市」（2008 年）や「環境未来都市」（2011 年）に選定されるなどして「森林未来都市」としての地域ビジョンを確立し、バイオマスエネルギーの活用や林業を地域経営の中心として活性化を進めている（2 章参照）。

2 章で紹介している滋賀県湖南市では、2012 年 9 月に「湖南市地域自然エネルギー基本条例」を制定した後、2015 年 2 月に「湖南市地域自然エネルギー地域活性化戦略プラン」を策定し、エネルギーと経済の循環による地域活性化の推進を基本方針に掲げ、さらに、2015 年 10 月に策定した総合戦略のなかで政策パッケージとして位置づけることで、再エネを活用した地域活性化の推進を具体的な施策としている。

また同じく 2 章で紹介している長野県飯田市においても、2013 年 4 月に策定した「飯田市再生可能エネルギーの導入による持続可能な地域づくりに関する条例」を、1997 年に策定された「いいだ環境プラン」（環境基本計画）や自治体の憲法とも呼ばれる「飯田市自治基本条例」（2006 年策定）の文言に連動させて地域運営の基礎としてエネルギー政策を議論できるようなしく

みを整えている。湖南市や飯田市の条例策定は、それまでの収奪型のメガソーラー発電所の広がりに対して、地域の資源として再エネを位置づける取り組みであったが、そのような意味でもエネルギー政策を包括的に考える必要がある。

海外では、より包括的な持続可能な地域政策や都市計画のフレームワークのなかでエネルギー政策を位置づけて、市民の承認を得る形で具体性を持たせるような事例が多く見られる。

例えば、前述したヴェルグル市の「エネルギー開発計画・ヴェルグル」は、最上位政策に当たるマスタープラン「ヴェルグル・私たちのエネルギー」を根拠として、建物、都市開発、モビリティ、意志啓発などを包括的に扱う具体的実践計画として機能している（久保田（2017））。

スイスのチューリッヒ市は、自治体の憲法にエネルギー政策の具体策を盛り込み、住民投票による承認を経て、自治体全体の取り組みとしてエネルギー政策を設定している。チューリッヒ市は「ヨーロピアン・エナジー・アワード」（5章参照）のゴールドを取得するほどのエネルギー政策の先進地であるが、その後も自転車や徒歩による移動の促進といった追加条文を住民投票により承認している。

また、イタリア北部のトレンティーノ＝アルト・アディジェ州に位置するボルツァーノ自治県では、1994年に策定された最初の持続可能な発展戦略をベースに、2011年に「南チロル気候・エネルギー戦略2050」を打ち出した。エネルギー戦略は、九つの原則に基づいた長期戦略であり、2050年までに達成すべき具体的な数値目標が掲げられている（表1）。目標と対策は5年ごとにパッケージ化され、その都度見直しが行われるようになっており、戦略的に段階を踏んで取り組む工夫がなされている。また、エネルギー戦略を地域社会全体で機能させるために、政治的なリーダーシップや技術革新・文化的変革、研究促進、教育・意識啓発など、分野を包括的に連携させて取り組むイメージを描いていることも特徴的である（図1、的場（2017））。

国内外の事例にかかわらず重要なことは、エネルギー関連の戦略や事業を包括的な地域運営の中核に据えることである。エネルギー政策が温暖化対策や単なる再エネ導入の議論だけで終わってしまうと、エネルギーを活用した

表1 「南チロル気候・エネルギー戦略2050」が掲げる九つの原則（出典：Provincia Autonoma Di Bolzano（2011））

1.	エネルギーの効率的利用と潜在資源の有効活用
2.	気候保全への責任
3.	環境にも社会にやさしいエネルギーの十分な供給
4.	化石燃料利用の停止と地域の再生可能エネルギー源の利用
5.	現代的で環境にやさしいエネルギー生産・供給のためのインフラ整備
6.	新たなサステイナビリティ文化の基礎となるパートナーシップとネットワーク
7.	国境を超えた協力
8.	ノウハウや研究のより活発な交換
9.	分野間を超えた技術革新の追求

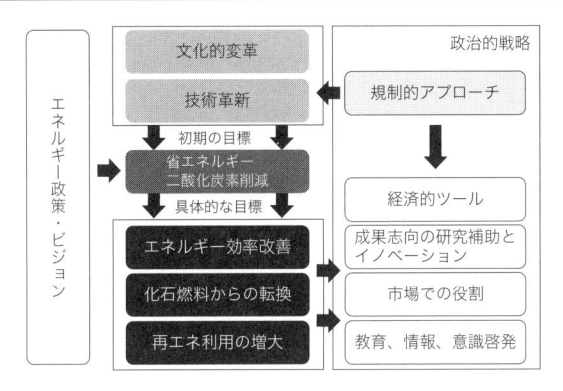

図1 「南チロル気候・エネルギー戦略2050」の戦略的アプローチ（出典：Provincia Autonoma Di Bolzano（2011））

持続可能な地域づくりという視点で取り組むことが難しくなる。実際に、再エネ基本条例を策定し、新電力会社「こなんウルトラパワー株式会社」を地域に有する湖南市や、地元企業との連携によりご当地電力小売りを実現した小田原市のような先進自治体でさえも、電力小売りの全面化の際、公共の高電圧利用施設の電力購入契約を、域外の安価な電力を提供する電力会社と結ぶ、といった方針が示された（白石・櫻井（2015））。昨今の財政難による経費削減の必要性は十分に理解できるが、エネルギー政策を地域運営の中核に据えるとは、まさにこのような地域社会のあり方、地域運営のパラダイムを転換するということである。

5 事業を支援する制度と体制

　政治的意志を構築し、それを理念として条例や計画などを設定できれば、次は具体的な事業の実践やその促進を行うステージになる。そのような事業の普及や支援策には実にさまざまな種類があるが、ここではその特徴によって分類し、それぞれ具体例を紹介する（表2）。どれがツールとしてより秀でているかというものではなく、さまざまな支援タイプのものが多彩に準備さ

表2　地方自治体によるエネルギー政策の促進策

支援タイプ	概要	具体例
資金サポート型	太陽光発電パネルなどの再エネ設備の設置や省エネ建築への改修費用などへの補助金、エネルギー協同組合への税制優遇、再エネ基金の設置など	・太陽光発電パネルの設置補助（多数自治体） ・温水循環ポンプの一括購入による低価格での提供（オーストリア・ランゲンエッグ村） ・ドルンビルン・エコファンド：市所有の公共施設の消費電力の増加に合わせてエネルギー政策に活用する基金をプール（オーストリア・ドルンビルン市）
事業主導型	自治体自らが再エネ・省エネ事業を実施することで、域内の取り組みをコントロール。民間や市民への波及効果も狙う	・自治体による再エネ施設の設置や公共施設の省エネ化（多数自治体） ・公共バスサービスを一括して民間会社から購入し、運行本数の増加や鉄道との連携を改善させる（オーストリア・フェルトキルヒ市）
事業巻き込み型	自治体（や公社など）が事業を立ち上げ、それに民間企業や市民の参加を促す	・再エネ設備を市民出資型で設置（多数自治体） ・公共交通の回数券を自治体が購入し、車を持たない市民に無料で配布（オーストリア・ヴィルゲン村） ・再エネ施設建設の入札を小分けにすることで地元工務店などの参加を促す（イタリア・サンド村）
認証型	認証基準により、省エネや再生エネの取り組みを促進する	・クリマハウス（イタリア・トレンティーノ＝アルト・アディジェ州） ・省エネ建築基準、パッシブハウス基準（多数自治体）
情報提供・相談対応型	ウェブサイトや相談員の設置などにより情報を提供する	・再エネ・ポータルサイト、再エネ・アドバイザー、再エネ・コンシェルジュ（多数自治体）
地域力向上型	中間支援組織の設置、庁内部局を横断する体制の整備、簡便なエネルギー協同組合設置手続き、協働型事業の推進など	・エネルギー・エージェンシー、エネルギー自治体公社の設置（多数自治体） ・LA21、LEADER など（多数自治体）

れ、より多くの利害関係者を巻き込むことができる体制を整えられるかどう
かが問われる。このような制度面から企業や市民の取り組みを促進する方法
は、欧州の自治体で多く見られる。

　これらの支援制度と合わせて、欧州の自治体の具体的政策で目を引くのが、
分野横断型のエネルギー政策である。例えば、オーストリアのクルムバッハ
村では、生活保護世帯の公営住宅をパッシブハウス基準で建設し、入居者の
電気代や暖房代にかかる費用を下げるというエネルギー政策を社会福祉政策
と連動させる取り組みを進めている。

　同国のヴェルグル市でも、安価な公営住宅に電気自動車のカーシェアリン
グのしくみを導入し、CO_2 の排出抑制と交通弱者を減少させている。

　また、同国のフェルトキルヒ市のように、都市部と農村部のバスサービス
を、都市中心部の空間デザイン計画も踏まえながら設定し、自家用車を極力
使用しない交通体制を整備するところもある。さらに、中心部の旧市街地の
店舗には、車での持ち帰りが必要な商品の販売を規制するなど、徹底的に車
を中心部から締め出し、完全なカーフリーを実現している。

　また、2章でも紹介したドイツのヴィルポーツリード村のように、売電収
入や省エネによる経費削減によって得た余剰金で、スポーツ・文化施設の充
実や保育園・幼稚園の料金の値下げを行ったり、オーストリアのランゲンエ
ッグ村のようにパッシブハウス基準のような省エネ建築に対応するスキルを
地元の工務店に（エネルギー研究所を通して）指導することで、新たな地域
産業の創出や既存産業のサポートにもつなげている。

　1章でも触れたように、このような横断型の政策は持続可能な地域社会の
実現に欠かせないが、それを実現するのは政治・行政の意志である。エネル
ギー政策が、環境はもちろん、交通、都市計画、福祉、教育といった地域運
営のさまざまな政策フィールドにおいて連動して議論されることが可能とな
っているのである。

　このような具体的な政策を進めるにあたっては、自治体内の横断型体制も
重要になる。例えば湖南市では、市民環境部のなかで地域エネルギー課を独
立させて、庁内で自由に機動力を持って動けるようにしたことで、先進的取
り組みを次々に展開している。一方で、同じく環境部門の一部局としてエネ

ルギー関連課を独立させた別の自治体の担当職員は、新しい課だけに既存の予算の使い方や伝統的な縦割り行政に阻まれて、なかなか自分たちの望むような政策が展開できない、とも指摘していた。また、フェルトキルヒ市のように、それぞれの部局がエネルギーに関係するという考え方からエネルギー担当課を設置せず、交通、建設、空間などエネルギーに関係する部局それぞれにエネルギー担当のスタッフを置き、そこで連携して担当していく、という自治体もある。

このように横断型体制もさまざまな形があるが、いずれにせよ、政治・行政のスタンスがしっかりと定まっていることが、その自治体にふさわしい体制のあり方を構築することは間違いない。

6　協働のしくみをデザインする

我々がこれまで訪問してきた50を超える中央省庁や地方自治体、NPO、エネルギー・エージェンシーなど関連組織のほぼすべてが、本書のメインテーマの一つである「協働」および「市民参画」がエネルギー政策を推進する上で最も重要であると捉えていた。自治体や地域のNPOにとどまらず、例えばオーストリア気候エネルギー基金といった国レベルの組織でも、市民の参画をプロジェクト遂行の必要条件として、社会変革やシステム変革の礎として捉え、基金運営を行っている。エナギーヴェンデが、既存の社会経済システムの大々的な転換を必要とする以上、個人レベルの生活や価値観の変革が必要となる。先進地域では、政治家や行政職員がこのことをしっかりと理解し、持続可能な地域戦略やエネルギー政策の開発・実践において、市民をはじめとする利害関係者の協働を企画段階から実現している。

協働型の取り組みについては、日本においても特に1990年代後半からその理念や実践が議論されてきた。例えば、既存のパワーホルダーである自治体と新たなアクターとなる利害関係者のパワーバランスの議論のなかで、イギリスを発祥とする「コンパクト」（Compact：協働における両者の責任を明示した協約）が紹介され、日本でも同様の取り組みが進んだ（的場編（2008））。地域エネルギー・ガバナンスの構築にとって、地域のアクターと成熟した関

係を築き地域運営を共に担っていくという意思を明示することは重要である。

　協働や市民参画については、行政の審議会における公募型市民委員、自治体の 100 人委員会、討論型世論調査など、実にさまざまなツールが開発されてきた。ただ、協働型の地域運営の成否は、パワーをシェアする側の地方議員や行政職員が、どれだけの本気度で地域運営に市民の声や外部組織のノウハウなどを活用する意志があるかにかかっている。その意味で、ツール自体は実は新しくなくても構わない。実際に、ドイツやオーストリアなど欧州の国々では、1992 年の「国連環境開発会議（地球サミット）」で開発された、持続可能な発展戦略の地域版で市民参加と利害関係者の協働型プロセスに特徴があるローカル・アジェンダ 21（以下、LA21）が、現在も地域の現場で活用されている。LA21 を現在も進める自治体は、持続可能な発展の概念はもちろん、特に市民の意見を地域運営にしっかりと位置づけることを目指している。

　例えば、オーストリアの首都ウィーン市では、2002 年から中心市街区でLA21 のプロセスをスタートさせているが、その市民参加と協働のコーディネートを長期間にわたって行うプロフェッショナルな組織の重要性を自治体が認識しており、3 名のフルタイム・スタッフの人件費を含む 100％官製のNPO「ローカル・アジェンダ 21 ウィーン」を立ち上げている。ここが、自治体と住民の想いを橋渡しする結節点として、またウィーンの市民参画プロセスを支える中間支援組織として機能している。

　LA21 プロセスの意思決定機関となる理事会には、LA21 を実施する区の区長、副区長、すべての政党の代表、プロジェクトに参加する市民、ローカル・アジェンダ 21 ウィーンのスタッフが参加しており、市民の声を直接政治に届けるしくみが整備されている。現在は、「公共空間と持続可能なモビリティ」「若者と高齢者の共生」「異文化間の対話（移民問題含む）」をプロジェクトの三つの柱としており、エネルギー関連は主に「公共空間と持続可能なモビリティ」の一環として扱われている。

　ウィーンの LA21 は、市民の日々の生活から生じる地域ニーズを吸い上げて自治体の政策として実践している事例であるが、より高度な政策の意思決定への市民参画が進んだ例としては、ドイツのハンブルク市が挙げられる。

ここでは、市民参画や協働の取り組みが、過去に民営化したエネルギー供給（送電網、ガス、地域熱）の再公営化の議論のなかで、自治体の主導ではなく、利害関係者の間でその必要性が認識されて整備されたという特徴を持つ。

この再公営化を検討するにあたり、地域の消費者団体や有力な教会区など6組織が参加して立ち上げた「私たちのハンブルク、私たちのグリッド」（以下、UH-UN）という組織が主導して住民投票を行った。この組織はその後50の市民組織が参加する大きな連合体になった。このような自発的な市民参画と協働の流れを受けてハンブルク市議会は、UH-UN に市の環境委員会に参画するように依頼し、その後の委員会での議論の結果、エネルギー供給の再公営化を決定する。さらに、地域の熱供給に関する戦略策定や、民営化時代に建設されて老朽化した石炭発電所の廃止の議論においても市民参加の重要性が認識されるようになり、地方議会とは別に、議会の各会派の代表や商工会、UH-UN のメンバーなど 20 名で構成される、「エネルギーと熱供給に関する諮問機関」が設置された。議会のアドバイザー的な役割ではあるが、地域政策の意思決定において、かなりしっかりと意見を反映できるような組織となっている。

より小規模な自治体においても、エネルギー政策に関する市民参加を促すプロジェクトは多く見られる。そういった地域では、外部のエネルギー・エージェンシーなどに支援を仰ぎながら、地域住民が参加しやすい小規模なプロジェクトを数多く立ち上げ少しずつ成果を積み上げていくことで、住民の理解を得ながら次第に大きな流れに持っていく。そのようなプロセスのなかで住民も、例えば単なるエネルギーの消費者から、再エネの生産と消費を行う「プロシューマー」として、エネルギー政策を担う当事者である「アクティブ・シチズン」として成長していく。

ここで紹介した事例に限らず、協働型の取り組みを重視する自治体に共通するのが、「人」への投資に積極的な点である。中間支援などを行う「組織」への投資に付随する形で人件費も準備するということだけでなく、例えば、再エネアドバイザーのような市民へのアドバイスを担う専門家の養成や、自治体職員のキャパシティ・ビルディング（能力構築）への積極的な予算配分なども重要な要素である。人への投資は、成果が見えるまで時間がかかるため、

単年度予算で動く自治体には難しい面もある。地域社会を変革するのは市民であり、その市民を変える触媒となる人材の育成が、最終的にはその変革の大きな力になる。このことが政治の意志として確認されていることが、人への投資を実現するためのカギとなる。

このように、協働型の地域運営では、利害関係者が関心と主張を持ち寄り、協調や妥協を模索しながらその方向性を定めていく。その議論と実践のプロセスのなかで、パワーをシェアする地方議員や自治体職員と、新たに地域運営に参加する市民や民間企業のそれぞれが、民主主義や協働、地域社会の公共性を担うことを学んでいく。この学びのプロセスは、エナギーヴェンデという新たな挑戦にとても重要な役割を果たしている。

7 広域連携のハードルの超え方

最後に、基礎自治体間の協働による広域連携について触れておきたい。少子高齢化による人口減少や経済の停滞で地方自治体の疲弊が進むなか、特に農村部の小規模自治体では、これまでのフルセット型の公共サービスを提供する体力はもはや備えておらず、また、特にエネルギー問題は、例えば交通政策や気候変動問題、バイオマス資源と自然保護など広域に影響を及ぼす分野が多いため、広域連携の重要性は今後高まっていくことが予想される。

オーストリア・フォーアールベルク州では、EU の LEADER 事業の補助金を活用した広域連携の取り組みがいくつか見られる。LEADER 事業は、EU の「構造政策」の農村地域での取り組みとして 1992 年にスタートした農村活性化政策である。事業の企画から実施のプロセスを、「地域活動グループ」という地域の利害関係者によるパートナーシップ組織によって担わせることで、地域の協働を推進し、地域のキャパシティを高めながら、農村のあり方や活性化策を考えていく（西川（2003））。農村政策といっても、観光政策や公共交通、景観問題などエネルギーに関係するさまざまな政策も広く農村との関係で位置づけることができるため、LEADER 事業のなかでエネルギー関連事業を行うことも可能となっている。

その広域連携の一つ、オーストリアの「REGIO グローセスヴァルサーター

ル」（REGIO は英語で Region の意）では、ユネスコの生物圏保存地域（エコパーク）の取り組みと連動させる形で LEADER 事業にも取り組んでいる。アルプスの山々と美しい谷に囲まれた人気の観光地の谷あいにある六つの村（総人口 3,500 人ほど）による広域連携で、2030 年までにエネルギー自立を成し遂げることを共通の将来ビジョンとして掲げ、そのための交通政策、太陽光やバイオマス地域熱などの再エネ実装、建築物の省エネ改修といった活動を展開している。

　エネルギー政策に限らず広域連携の最大の難しさは、どこに（どの自治体のエリアに）資源や予算を投資するか決定することである。首長や地方議員はどうしても自分たちの地域に設備や投資を呼び込みたい。この広域連携では、「REGIO グローセスヴァルサータール」という NPO を、六つの自治体の村長を含む地域の利害関係者によって設立し、この NPO に連携の運営事務や具体的な事業内容の検討を任せることで、比較的スムーズに連携事業を進めている。NPO の事業活動については各自治体の決議は必要なく、NPO の理事会（ここに各自治体の議員が参加）のみで決議される。特に農業や観光など長い取り組みの歴史があるテーマでは、利害関係の衝突がないわけではないが、エネルギー問題は新しく関係性を築いていくものなので、そこまでの問題は起こっていないとのことであった。

　このように、直接自治体間で議論するのではなく、外部の組織を活用する広域連携の手法は日本でも参考になる。ここでのポイントは、連携する六つの自治体が、NPO への資金拠出も含めて積極的にその運営に関わっていることである。もちろん、この地域においては、環境やエネルギー問題は主要産業の観光業に直結し、それゆえに首長や議員もこのような活動の必要性を主張しやすいことはあるが、それでも、広域連携を推進する際は、自分たちの主張を超えて、広域の利益や持続可能性を追求する意識が求められる。そうした高い意識を有した政治家のもとで、それぞれの自治体がこの地域の将来ビジョンを共有し、その実現のためのコーディネート組織の必要性を認識しているからこそ、このようなコミットメントが実現できている。

8　地方自治体の役割の変容

これまで見てきたように、地方自治体が担うさまざまな取り組みのあらゆる場面においてエネルギーが議論される、つまりはエネルギー政策を地域運営の中核に据えるには、利害関係者間のエナギーヴェンデへの意識の共有と連携が必須である。

ガバナンス論や行政改革の文脈では、ほかのセクターとの関係のなかで、地方自治体など政府セクターの役割が縮小しているといった議論もあるが、少なくともエネルギー・ガバナンスの分野では、役割の「縮小」ではなくて「変容」である。地方自治体には、「enabler（条件を整備し実現する者）」という新たな役割が求められている。

特に欧州の調査で印象的だったのが、実に多くの組織や担当者が、エネルギー政策を政治的・社会的な問題であると捉えていたことである。もちろん、常に新しい技術革新は求められるが、基本的には現在の技術的・経済的能力の範囲でエナギーヴェンデを実現することは十分に可能と捉えられている。つまり、市民や地方議員、自治体担当者の成熟度が、その成否を左右するということである。本章が、地方自治体の政策や事業そのものではなく、政治的・行政的スタンスを軸に据えて分析したのはこれが理由でもある。ある小さな村の職員が、「エナギーヴェンデは住民と一緒にしか実現できない。彼らは、義務ではなく、（取り組みへの）感動・信念・確信でのみ動く」と話してくれた。

欧州の先進地域では、エネルギー政策が、これまでの再エネや省エネの設備導入や投資といった視点から、人々のライフスタイルの転換という視点を持ったものにシフトしている。日本の今後のエネルギー政策を検討する上でも欠かすことができない重要な視点である。

＊1　これまでに筆者が訪問調査を行った主な地方自治体は次の通りである。国内：下川町、ニセコ町（以上、北海道）、小田原市（神奈川県）、静岡県、新城市（愛知県）、飯田市（長野県）、湖南市（滋賀県）、京都府、京丹後市（京都府）、海外：ハンブルク市、フレッケン・シュタイヤーベルク村、ミュンヘン市、ヴィルポーツリード村（以上、ドイツ）、チューリッヒ市、バーゼル市（以上、スイス）、ウィーン市、クルムバッハ村、サンクトヨハン・イン・ポンガウ市、デュンサーベルク村、ドルンビルン市、ニーダーエーストライヒ州、フェルトキルヒ市、フォーアールベルク州、ランゲンエッグ村、ルーデッシュ村、ヴィルゲ

ン村、ヴェルグル市（以上、オーストリア）、トレンティーノ＝アルト・アディジェ州、ボルツァーノ自治県（以上、イタリア）。

＊2　一方で、欧州諸国には終身雇用の文化はあまりないため、日本よりも人材の更新頻度は高い。しかし常に専門家（民間企業や NPO 組織の出身者など）がポストに就くため、協働の取り組みなどにおいては、プラスに働くことも多い。

〈参考文献〉
・Provincia Autonoma Di Bolzano（2011）*PIANO CLIMA Energia Alto Adige 2050* , Provincia Autonoma Di Bolzano
・環境省総合環境政策局環境計画課（2015）「地方自治体の地域エネルギー政策推進に向けた取組み状況について（報告）」環境省
・久保田学（2017）「オーストリア・チロル州の中小自治体に見る機構エネルギー政策の加速要因」『人間と環境』第 43 巻 第 2 号、日本環境学会
・白石克孝・櫻井あかね（2016）「地域エネルギーに関する考察：再生可能エネルギー基本条例を題材に」『日本エネルギー学会誌』95 巻、日本エネルギー学会
・西川明子（2013）「欧州連合（EU）の農村振興政策：LEADER 事業」『レファレンス』2003 年 8 月号
・的場信敬編（2008）『政府・地方自治体と市民社会の戦略的連携：英国コンパクトにみる先駆性（地域ガバナンスシステム・シリーズ No. 7）』公人の友社
・的場信敬（2016）「オーストリア・フォーアールベルク州のエネルギー政策を支える社会的基盤」『人間と環境』第 42 巻 第 1 号、日本環境学会
・的場信敬（2017）「イタリア北部のエネルギー政策：トレンティーノ＝アルト・アディジェ特別自治州ボルツァーノ自治県の取り組み」『人間と環境』第 43 巻 第 2 号、日本環境学会

ENERGY GOVERNANCE

4章
地域エネルギー事業の担い手

木原浩貴

1 地域エネルギー・ガバナンスを担う組織

序章で確認した通り、本書において地域エネルギー・ガバナンスとは、環境・経済・社会の持続的発展のために、エネルギー政策を中核に据えた地域運営のあり方を指す。

日本においては、かつては「エネルギー政策は国の役割であり、実際のエネルギー供給はこれを担う大企業の役割である」と思われてきた。しかし、化石燃料という大規模集中型のエネルギー供給から再生可能エネルギーという小規模分散型のエネルギー供給に移行し、これを中心とする地域づくりを行うにあたって、あるいは住宅の省エネ化や脱炭素型の地域産業づくりを進めるにあたって、その担い手は地域に根差して活動を行う主体以外にはありえない。

では、具体的には、どのような主体がどのような役割を担い、どのように相互補完を行うことが可能なのであろうか。本章は「地域エネルギー事業推進の担い手」をテーマとしてとりあげる。まずは2節で日本における現状を概観した後に、3節から5節で筆者らが調査を行ったドイツやオーストリアの担い手を組織形態別に取り上げ、これをもとに考察を行う。

2 日本における地域エネルギー事業の推進主体

2.1 日本における推進主体

日本におけるエネルギー政策および地域エネルギー事業の変遷については、1章にまとめた通りである。

もともと日本では市民によって住宅への太陽光発電設置が積極的に行われ、これが太陽光発電導入量および、メーカーによる太陽光発電シェアを世界1位へと導く原動力となってきた。当時は太陽光発電システムの価格そのものが高く、固定価格買取制度のような支援制度もなかったことから、金銭的に得をするとはとても言えない状況であった。にもかかわらず、ある程度の普及が進んだことは、日本の市民が再エネへの意識が高く、地域エネルギー・

ガバナンスを担うポテンシャルを秘めていることの表れであるといえよう（和田（2011））。同様の動きは、個人住宅のみならず、市民共同発電所の設置運動にも表れており、その総数は 1,000 を超えるまでになっている（1 章参照）。

2006 年の電力小売完全自由化を受け、新たに地域電力会社を設立する動きが相次いでいる。これらのなかには、地方自治体のイニシアティブによって設立され、その運営目的を「地域の持続可能な発展」におく会社も現れている。2017 年 9 月には、これらの連携組織として、「一般社団法人 日本シュタットベルケネットワーク」が設立されるに至っている。また、企業の中からも、エネルギーを主軸に置いた地域経済活性化の動きが生まれてきている。

2.2　市民共同発電所の場合

日本における市民共同発電所は、ドイツの協同組合制度（後述）のような比較的手軽に個人が参加・出資できる法制度が整っていないなかで、担い手の試行錯誤によって設置されてきた（和田ほか（2014）、豊田（2016））。ここでは既往研究および筆者らが参与観察で得た知見をもとに、担い手に着目していくつかの例を見てみたい。

例えば、「NPO 法人きょうとグリーンファンド」（2000 年設立）は、一口 3,000 円程度の寄付を集めて「おひさま発電所」を設置している団体である。これまでに設置された発電所の数はすでに 20 を超えている。一口 3,000 円という額は、「月 500 円の省エネを行えば半年間で節約できる額」であり、きょうとグリーンファンドは、参加者に対して再エネ利用への参加だけではなく、身近なところでの省エネを呼びかけている。

この取り組みを担ってきたのは、原発に頼らない社会づくりを目指す主婦たちであった。おひさま発電所の設置場所は保育園など公共性の高い施設であり、取り組みの過程で、保育園が発電所づくりの担い手として活躍することとなる。これが、多くの子育て世代の市民に再エネ普及への参加の機会を提供することにつながっている。

同じく京都市内では、市の公共施設の屋根を使った出資型の太陽光発電所の設置のプロジェクトが行われてきた。この制度を京都市に提案して実現し

たのは、持続可能な地域づくりのためのパートナーシップ組織である「京（みやこ）のアジェンダ21フォーラム」（1998年設立）であった。この取り組みは、古い住宅やマンションが多い都市部において、自宅に太陽光発電を設置できない人に参加の場を提供し、担い手の輪を広げるものであった。また、行政も、規制や補助金という従来型の役割を超え、太陽光発電に適した屋根を提供するという新しい形で普及の担い手となった。

　日本で初めて2001年に市民出資による風力発電所建設を行ったのは、「NPO法人北海道グリーンファンド」（1999年設立）であった。北海道グリーンファンドは、第二種金融商品取引業の資格を持つ支援組織との連携で出資を集め、浜頓別町に市民風車「はまかぜちゃん」を建設した。この取り組みは、それまで「遠いドイツやデンマークの話」であった市民出資の風力発電所づくりが、日本でも実現可能であることを証明した。これが、日本における50基もの市民風車の設立につながっている。北海道グリーンファンドは、生活クラブ生協のメンバーが中心となって立ち上げた。自らの生活に本当に必要なものを連携して調達するという生活クラブ生協の理念が、「安心・安全な電気を自分たちでつくる」という取り組みに発展していったのである。

　2003年に市民風車「わんず」をつくった「NPO法人グリーンエネルギー青森」（2002年設立）は、当初から再エネ普及だけではなく、地域活性化を活動の柱として掲げている団体である。地域特産品である毛豆のブランド化の一環で、風車の出資者に毛豆を紹介し、地域の農業振興と再エネ普及をつないでいる。

　京都、和歌山、兵庫、三重に設置された「龍大ソーラーパーク」（2013年より開始）は、龍谷大学の研究プロジェクトをもとに設置された「地域貢献型メガソーラー」である。これは龍谷大学が社会的責任投資（SRI：Socially Responsible Investment）を行い、得られた収益を地域に還元するというものである。ため池の上など未活用の場所を利用して、これまでに5カ所、計7MWを超える太陽光発電所を建設している。このプロジェクトは、大学が研究機関としてだけではなく、再エネ普及や投資の直接の担い手となっている。また、運営主体である株式会社PLUS SOCIAL（2012年設立）は、利潤を株主に還元することなく地域貢献プロジェクトに寄付することを定款に明

記し「非営利型株式会社」であることを掲げている点が特徴的である。

　このように、市民共同発電所づくりは、単なる再エネ普及を目指す取り組みを超え、少しずつ地域づくりそのものへと発展してきている。そして、いずれのプロジェクトも、多くの人に参加の場を提供し、農業や教育など、別の分野の主体を再エネ普及の担い手として巻き込み、ネットワークを広げる活動となっている。

2.3　自治体電力の場合

　電力の小売全面自由化を受け、日本各地で自治体が電力の小売りを行う地域電力会社（自治体電力と呼ぶ）を新たに立ち上げる動きが出てきている。朝日新聞と一橋大学等の調査によれば、すでに自治体電力の数は 31 にのぼり、86 自治体が設立を検討しているという（朝日新聞 2017 年 8 月 14 日）。

　これまでは、風力発電所や太陽光発電を設置するなどして自治体が発電事業を担うことはあったが、電力供給に関しては基本的には大手電力会社からの供給に頼るしかなかった。しかし、電力小売全面自由化により、一般の世帯への小売りも可能となった。そこで、エネルギーの地産地消を目指す自治体が、地域エネルギー政策を実現するための手段として、自治体電力を立ち上げる動きが出てきているのである。そして、市民に近い存在である自治体が担い手として関わることで、エネルギー以外の地域課題、福祉や商店街活性化等とも関連した事業を展開することが可能となっている。

　例えば、人口 3.8 万人の福岡県みやま市では、市が 55％を出資する自治体電力「みやまスマートエネルギー株式会社」が 2015 年に設立されている。過半数を自治体が出資をしているが、民間企業出身の代表を中心に小回りの利く意思決定によって運営されている。「みやまんでんきは、地域で電力を地産地消することで、みやま市に新しい『お金の還流』を作り出すことを目指しています」（同社ウェブサイト）としており、同社は単なる売電事業ではなく地域経済の活性化を目指している。実際、同社の販売する電力は、その半分近くが地元の太陽光発電等の再エネで賄われている。

　また、同社はインターネット事業も手掛けており、経済的付加価値を地域内にとどめることを目指し、HEMS（ホーム・エネルギー・マネジメントシ

ステム）事業のデータを省エネアドバイスや高齢者見守りサービスに活用している。また、電力事業の収益を活用して高齢者らに地元商店街の商品を配達するサービスも行い、商店街活性化と高齢者生活支援の両立を目指している。同社は「行政が実施できないサービスを電力販売とセットで提供します。法律で設定された条件からはみ出す対象の市民をサポートします」(みやまスマートエネルギー株式会社（2017））としており、その取り組みは、地域エネルギー・ガバナンスが日本においても実現可能であることを証明している。

2.4　極めて少数なモデル

このように、日本においても地域活性化や福祉、教育と結びつけたプロジェクトが各地で行われ、それを担う主体が現れてきている。しかし、まだまだその数は少なく、一般的に行われているとは言いがたい。

例えば、前述の朝日新聞等による調査でも、自治体電力を立ち上げた自治体の数は 31 であり、これは日本全体の自治体数からすると極めて少数派である。

また環境省の調査（環境省（2015））によれば、自治体が地域エネルギー事業に取り組んでいない理由として、34.1％が「自治体が取り組む必要性が明確でない」と回答している。

地域エネルギー・ガバナンスを進めるにあたって極めて重要な役割を果たす自治体においても、エネルギー問題に取り組むことがさまざまな課題解決につながる地域づくりそのものであるという認識は充分には浸透していないように思われる。そうなると、そこで活動する主体も、自治体の中核のパートナーとはなりえない。つまり、2 章で取り上げた長野県飯田市や前述の福岡県みやま市で動き始めているような、エネルギーを柱に据えた地域づくりの事例は稀であり、日本では未だごく少数モデルにとどまっているといえる。

では、ドイツやオーストリアといった欧州の国々の状況は日本とはどう違うのであろうか。具体的にはどのような事業が展開され、それを誰が担っているのであろうか。

3 欧州の自治体公社

3.1 自治体公社とは

　まずは、自治体公社に着目してみたい。欧州における自治体公社（Stadtwerke：シュタットベルケ）は、電気やガスや水の供給、ゴミの収集、公共交通機関の運営などのインフラサービスを提供する企業である。自治体が 100%出資しているケース、他の自治体と共同出資しているケース、民間と共同出資しているケースなどがある（池田（2014b））。

　自治体公社が形成する自治体企業連合会（Verband kommunaler Unternehmen e. V.（以下、VKU））によれば、VKU 会員（自治体公社）の売上高は約 1,120 億ユーロ（約 14 兆 5,600 億円）、投資総額は 94 億ユーロに（約 1 兆 2,000 億円）のぼり、そのうち電力事業へは約 27 億ユーロ（約 3,500 億円）を投資している（VKU（2016））。エネルギー事業部門（電力・ガス・熱）の売上高は 798 億ユーロ（約 10 兆 3,700 億円）であり、自治体公社の総売上高の約 71%にのぼる。小売事業の市場シェアは電力事業で 54%、ガス事業で 56%、熱供給で 67%、水道事業では 85%を占めている。

　なお、Berlo und Wagner（2013）によれば、自治体公社の法人形態は原則的に会社法上のいかなる法人形態をとることも可能だが、近年新設された自治体公社の 67%が有限責任会社（GmbH）を選択しているという。有限責任会社の特徴としては、独自の法人格を有し、会計的にも資産的にも自治体から分離され、損害賠償義務も資本金のみが対象となることなどが挙げられる。

　ドイツで進むエナギーヴェンデ（エネルギー転換）の柱は地域分散型のエネルギー供給であるが、これはもともと自治体公社が担ってきたことでもある。「地域に根を下ろし、市民に近い公社は市民と協働でき、市民の信頼を獲得できる企業であり、エナギーヴェンデへの高いポテンシャルを秘めている」（池田（2014b））と期待されている。

　自治体公社の近年の動きとして特徴的なのは「再公有化」である。1990 年代以前は配電網に関して地域独占の状態にあった自治体公社は、1990 年代の EU 指令に基づく競争促進や発電小売事業と配電事業の分離、新自由主義

の流れのなかで売却や民営化を迫られた。その結果、配電事業等の民営化や民間委託、民間企業との合弁会社化が進んだ。そして、自治体公社が保有していた配電網の運営権も民間電力会社のものとなった経緯がある。

しかし現在では、いったん手放した配電網運営権を、自治体公社を通じて自治体が買い戻す動きが活発化している。EU では、配電網やガス網の運営権は最長 20 年に一度、契約更改が行われ、基礎自治体がその決定権を持つ。この契約更改のタイミングに合わせて、配電網等を買い戻す動きが活発化しているのである（中山ほか（2014））。これが再公有化と呼ばれる動きである。

近年ではドイツ第二の大都市である人口 180 万人のハンブルグ市でも、配電網およびガス網の再公有化が決定され実行に移されている。ハンブルグ市においては、1997 年から数年かけてハンブルグ電力公社の株式を段階的に民間会社に売却し、民営化が進められた。売却先は、ドイツ四大電力会社の一つヴァッテンファルである。しかし、環境エネルギー政策分野のコントロールを市が失っていくことを懸念する声があがり、原発事故や石炭火力発電所建設などに関するヴァッテンファルへの反発もあって、市民らは再公有化実現に向けた運動を起こしていくこととなる。2013 年に住民投票が行われた結果、51 対 49 という僅差で再公有化が支持され、市は自治体公社を通じて配電網・ガス網を買い戻し、供給を行っている（豊田・手塚（2017））。

このように、ドイツにおける自治体公社による電力事業は再び拡大の動きを見せており、2000 年から 2014 年にかけて、売上は 150 億ユーロ（約 1 兆9,500 億円）から 500 億ユーロ（約 6 兆 5,000 億円）へ、雇用は約 3 万人から6.1 万人へ、電力事業を営む事業者数は 605 社から 742 社へと増加している。配電網の総延長は 2010 年の約 68 万 km から 2014 年には 77 万 km へと延び、国内の配電網の 45％を占めている（VKU（2016）ほか）。

本節では、筆者らが調査を行った四つの事例を取り上げ、地域エネルギー・ガバナンスにおける自治体公社の役割について考察したい。

3.2 ミュルハイム・シュタウフェン自治体公社（ドイツ）
―二つの自治体が連携して設立

ミュルハイム市およびシュタウフェン村は、ドイツ南部のブドウ畑が広が

る農村地帯に位置し、人口はそれぞれ約1.8万人と8,000人である。この二つの都市が連携して立ち上げたのが「ミュルハイム・シュタウフェン自治体公社（Stadtwerke Müllheimstaufen）」である。

　きっかけとなったのは配電網の契約期限であった。長い検討と交渉の結果、両自治体は連携して公社を設立することを決定した。2009年6月に公社が設立され、同年に両自治体が所有していた浄水場と水道が公社に移管された。さらに2012年に配電網 を、2015年にガス網を買い戻した。「自治体公社はエナギーヴェンデを推進することを目的に設立した。エネルギー政策を立案して実施し、地域内に経済効果をもたらすためには、自治体公社が必要だった」と経営者のヨッヘン・フィッシャー氏は語る。

　公社の株式は4分の3を両自治体が、残りの4分の1を連携する他の自治体公社が所有している。従業員は37名（調査時）。外注可能な仕事を専門の業者に委託し、配電網の管理をこれまで配電網を所有していた会社に委託することで、スリムな組織形態となっている。

　公社は、電力とガスの小売りも行っている。電力は100%再エネによるものを、ガスはオフセット制度を活用し気候ニュートラルなものを販売している。公社は継続的に発展しており、2014年の売上は約4,800万ユーロ（約62億円）にのぼる。自治体とは監査役会を通じて協働しており、利益の使い道は自治体が決定できる。つまり、自治体は公社を通じてエネルギー政策を推進することができる。

　公社のメンバーは2012年にエネルギー協同組合を設立した。これは「市民が発電事業に参加できるしくみをつくることでエナギーヴェンデの受容度を高めたい」（フィッシャー氏）との思いからであった。組合には300人の市民と10社の地域企業が参加している。配当目標は3%に設定されている。現在、近隣地域の企業と連携して小水力発電所を建設中である。発電機の定格出力は420kWであり、年間150万kWhを発電する予定である。組合の事務は今のところ公社の職員が無償で担っているが、これは組合の立ち上げ支援という位置づけであり、組合の売上が一定規模になれば専門の職員を雇用する予定であるという。

　ヒアリング調査において、フィッシャー氏は、公社による再公有化や組合

による発電事業の意義について「配電網買取の交渉は難しくリスクもある。このために再公有化に踏み込めない自治体もある。しかし、配電網の管理は確実な収入が見込める。組合事業も地域の経済的付加価値の創出となる。付加価値の創出がこの地域のなかで起こることが私たちにとっては重要だ」と述べて、エナギーヴェンデの重要性を強調する。

3.3　ブルネック自治体公社（イタリア）
― 100 年前に設立された地域インフラ企業

　ブルネック市（Bruneck、イタリア語ではブルネコ（Brunico））は、イタリアのトレンティーノ＝アルト・アディジェ州ボルツァーノ自治県にある人口約 1.5 万人の街である。イタリア国内ではあるが住民の多くがドイツ語を話す地域で、地理的にも歴史的にもオーストリアとの関わりが深い。市域には総延長 70km のスキー場があり、年間を通して多くの観光客が訪れる観光の街である。ほかに自動車関連産業や農業も主要産業である。

　「ブルネック自治体公社(Stadtwerke Bruneck)」が誕生したのは 1903 年。街に電力を供給することを目的として設立され、以降 100 年以上にわたって水力発電による電力供給を行ってきた。出資者は 100%、自治体である。現在では、電力以外にも上水道、下水道、インターネット、そして地域熱供給などの地域インフラサービスを提供して市民生活や産業を支え、48 名の雇用（調査時）を生み出している。

　ブルネック市では、過去には熱需要のほとんどが化石燃料によって賄われてきた。つまり、各建物が地下室に石油ボイラーを設置し、これによって暖房および給湯が行われていた。1998 年、地域のエネルギー供給の将来像について検討した結果、市議会はガス網ではなく地域熱供給を整備することを決断した。これを受けて公社は、2000 年までに市全域に熱供給配管を埋設し、戸建て住宅やビル、産業施設など計 2,500 カ所（集合住宅などではその後に分配されるので、顧客数としては 4,500 軒）に温水を提供している。すべての顧客のメーターがネットワーク化されており、使用量や不具合の確認は遠隔で行うことができる。なお、配管の埋設に合わせて水道管の更新や光ファイバーの埋設も行うことで、効率よくインフラの質を向上させることに成功

している。

地域熱供給網に90℃の温水を供給するのは、ゴミの埋め立て場跡地に設置されたコジェネレーション（熱電併給）施設である。ここには、木質チップおよびガスを燃料とするコジェネレーション設備が設置され、熱と電

ブルネック自治体公社の木質チップによるコジェネレーション施設

気を併せて供給している。メインとして使われているのが木質チップであり、ガスコジェネは、冬季の熱需要のピーク時にのみ補助的に運用される。木質チップは、遠くても100km圏内から㎥あたり18ユーロ（約234円）で購入されている。とりわけ、市内で生産されたチップは通常より30%高い価格で買い取られることになっており、林業の振興策としての側面も併せ持つ。このコジェネ施設の建設によって節約された石油の量は年間1,200万ℓに及ぶ。

公社の担当者によると、「以前は、各戸に設置された効率の悪い石油ボイラーの排気によって谷の空気は汚れていた。しかし、ほとんどの人が地域熱供給網に接続することによって、空気が明らかにきれいになった。観光を主産業とするこの街にとって、きれいな空気が存在するのは非常に重要なことだ」と語る。また、ボイラーのメンテナンスが不要になったことで、賃貸を行う不動産業者や住民に喜ばれているという。

3.4 ヴェルグル自治体公社（オーストリア）
―地域の経済的付加価値を創出

ヴェルグル市は、オーストリア西部、チロル州にある人口約1.3万人の街である。北はドイツのミュンヘン、西はチロル州の州都であるインスブルックへと通じる交通結節点にある。1929年の世界恐慌時に「時間によって減価する地域通貨」によって地域経済の付加価値循環を生み出し、地域インフラ

ウェルグル市街地

整備と雇用創出を実現した市として有名で、今もヴェルグル駅前の歩道には時間とともに利子がつく貨幣経済に対して疑問を投げかける石碑が埋め込まれている。つまり経済的付加価値を地域に生み出しお金を地域内で循環させることの重要性を経験から知る地域である。市は「エネルギーメトロポール」(エネルギー大都市)を目標に掲げ、2015年にe5(ヨーロピアン・エナジー・アワードのゴールド、5章参照)を取得している。

「ヴェルグル自治体公社(Stadtwerke.Woergl)」は、市が100%を出資する公社である。この公社は、市民の暮らしの質を向上させるためのさまざまなインフラおよびサービスを整備している。具体的には、上下水道、ゴミ、インターネット(光ファイバー整備に加えプロバイダ事業も)、再エネ100%の電力、クレジットカード、そして地域熱供給である。また、エネルギー・チロル(6章参照)と連携した市民向けエネルギーアドバイスサービスや、家庭ですぐに利用できる省エネグッズの販売事業も行っている。

また、地域通貨を介して市民参加による太陽光発電設置プロジェクトも実施している。これは、市民に「太陽通貨」を販売し、集まった資金で公共施設に太陽光発電を設置。売電収入分を「電気代の割引」という形で市民に還元する取り組みで、市民にとっては電気代の先払いという感覚であり、電気代値上がり分が市民にとっての「お得」となる。

加えて同公社は、市がe5プログラムを進める際に地域コーディネーターとしてe5チームをサポートしている。同公社の特徴は、この複合的な取り組みにあるといえる。そのどれもが、地域の経済的付加価値を創出している。

公社の取り組みのなかで、今最も大きく動いているのが、地域熱供給事業

である。事前調査の結果、市域の熱需要の 82％が石油やガスによって賄われていることがわかった。市はエネルギー自立を目標として掲げており、電力だけでなく熱に関しても再エネへの転換が必要であり、そのためのインフラ整備が求められていた。

そこで着手したのが、地域熱供給網の整備である。地域には、乳製品をつくる工場があり排熱が存在する。ヒートポンプによってその排熱を利用して80℃の温水を生み出す施設を設け、地域熱供給網に接続した。乳製品工場は木質チップによる熱供給を行っており、ヒートポンプを動かす電力も再エネ100％であるため、これによって化石燃料を使用しない暖房・給湯が可能となった。熱供給網の整備は段階的に進められており、将来的には市の全域をカバーするほか、市の端にある 2 カ所の製材工場も接続してその排熱も投入する予定である。

このように、公社は市が掲げる目標を実現するための重要な役割を担っている。

3.5　ノイエ・ハイマット・チロル（オーストリア）
―パッシブハウス基準を満たす公営住宅の提供

一般的に「自治体公社＝シュタットベルケ」はエネルギーや水道インフラを担う公社を指すが、ここでは住宅供給に関する公社の事例も取り上げておきたい。

「ノイエ・ハイマット・チロル（Neue Heimat Tirol）」は、1939 年に設立された不動産関連の公社で、オーストリアのチロル州とインスブルック市が50％ずつ出資している。利潤を再分配せず、良質な住宅提供のために再投資することが義務づけられており、極めて厳しい省エネ基準であるパッシブハウス基準を満たす住宅のみを提供している。

2016 年の投資総額は 1.4 億ユーロ（約182 億円）にのぼる。そのうち約2,800万ユーロ（約 36 億円）はリフォームに投資されている。できるかぎり地元の素材を使う方針で運営されており、同社のウェブサイトによれば、経済的付加価値の 97％は国内に循環しているという。

筆者らが調査のために訪問したローデン地区につくられた公営団地は、パ

ノイエ・ハイマット・チロルによる高性能公営住宅（インスブルック市）

ッシブハウス基準の断熱に加え、太陽熱と木質ペレット、バイオガスによる熱供給がなされており、暖房と給湯におけるエネルギーは化石燃料フリーである。加えて、この地域の電力はその大半が水力で発電されており、入居者のCO_2排出量は極めて小さい。

　入居にあたっては緩やかな所得制限が設けられており、自治体が入居者を決定する。これは、中間層に対する良好な住宅提供のため、またコミュニティが低所得者だけに固定化してしまうことを避けるための措置である。エリアの一角には、インスブルック市営の在宅介護サービスのオフィスも入居している。

　入居者は、安価な家賃でほぼCO_2フリーの質の高い暮らしをすることができ、これが低所得者の生活支援になっている。しかも、そこに投資されたお金は地域内を循環し、地域の建設業などの活性化につながる。公社は、良質な公営住宅の提供という手段を通じて、州と市が目指す豊かな脱炭素社会の実現を担っている。

3.6　自治体公社の存在意義

　ラウパッハ（2017）は、ドイツと日本の歴史的あるいは制度的相違を指摘したうえで、日本において自治体主導の投資を認め正当化できうる理論的根拠は、以下の4点であると指摘している。

　①地域の次の世代に持続可能な将来を確保するための再エネへの投資
　②地域雇用と付加価値を創出することによる地域経済の活性化への展望
　③人口構造の課題に見合った地域インフラ設計へのエネルギーの統合

④高齢者、教育、家族にとって必要不可欠な公共サービスに資金供給する
ための追加財源創出の期待

この指摘を踏まえ、また前述した調査から得られた知見をもとに、地域エ
ネルギー・ガバナンスにおける自治体公社の存在意義について、以下の三つ
に整理できると筆者らは考える。

第一に、自治体公社は、経済的付加価値を地域に創出できる。もしも公社
が存在しなければエネルギー費用の多くは地域外の大企業に支払われること
になるが、公社が存在することで、これを地域内で循環させることができる。
実際、本章でとりあげた自治体公社は数十人の従業員を雇用しており、自治
体規模からするとこの雇用創出効果は小さくない。加えて、公社が地域の再
エネを活用や省エネ住宅の普及に投資することによって、これまで産油国に
流出していた費用を地域内に循環させることができ、これが地域内の工事業
者や建築業者に新たな経済的付加価値を生み出すこととなる。

第二に、自治体公社は、地域のさらなる取り組みの基盤となる。例えば、
エネルギー事業による安定収入をもとに雇用した職員を、新たな再エネ開発
や e5 プログラム推進などのプロジェクトに投入することによって、地域の
エネルギー自立の動きは加速する。また、地域熱供給網の整備によりこれま
で捨てられていた排熱を地域で利用することが可能になり、地域内企業（例
えば製材所など）が熱供給の担い手になるなどの効果が見られる。加えて、
エネルギー部門と公共交通部門の両方を公社が担い、エネルギー部門の収益
によって地域の公共交通を支える例もある。つまり、公社は、単なるエネル
ギー事業の担い手というだけではなく、ほかの担い手を支援するという意義
も併せ持つ。

第三に、自治体公社は、自治体の政治的決定を実行に移すツールとなる。
とりわけ、気候変動対策を含むさまざまな政策の統合という点で効果を発揮
する。例えば、地域熱供給によって木材産業活性化とエネルギー自立を両立
させることができる。例えば、水道・インターネット・地域熱供給網の同時
整備により、コストを抑えてインフラを整備することができ、生活の質の向
上を図ることができる。例えば、高性能な公営住宅の提供により、低所得者
の生活支援と健康増進、建設業の活性化を図ることができる。

これらすべてを自治体が単独で担うことは不可能である。また、民間会社が担える役割でもない。このように、自治体公社は、その立ち位置の特殊性を活かし、地域エネルギー・ガバナンスにおいて極めて重要な役割を担っているといえる。

4　欧州のエネルギー協同組合

4.1　エネルギー協同組合とは

次に、エネルギー協同組合について見ていこう。エネルギー協同組合は、組合員の出資によって形成され運営される事業体である。株式会社と違い、組合員の議決権は出資額に関係なく基本的に1人1票である。比較的手軽に立ち上げることができ、資本力に関係なく民主的に運営できることから、地域住民が再エネ事業を行うのに適した形態である（池田（2014a））。

ここでは、ドイツを例に、エネルギー協同組合の歴史と現状を整理しておきたい。ドイツにおけるエネルギー協同組合の歴史は古く、もともとは20世紀初頭から電化が遅れている地域において、住民らが連携して自らの地域に電力を供給するための手段としてエネルギー協同組合が設立されてきた。その後、電力事業を自治体が担い公営化されるなかでエネルギー協同組合は消滅していったが、2000年の再生可能エネルギー法の施行後、再びエネルギー協同組合の設立が増加した（石田（2013））。

ドイツ協同組合・ライファイゼン協会の年次レポート（DGRV（2017））によれば、2006年以降2016年までに831ものエネルギー協同組合が設立されが、年間の設立数は、2011年の167をピークに減少を続けており、2016年に新たに設立されたエネルギー協同組合は19であった（図1）。設立時の組合員数は、「5〜20」という回答が46%を占めており、「100以上」という回答は12%にとどまっている。ただし、調査時点の組合員数は101人以上が66%を占める。つまり、多くの組合は継続的に発展していることが読みとれる。構成員はその95%を個人が占めており、他に銀行・企業、自治体等が参加している。最低出資金額は100ユーロ以下が29%、101〜300ユーロが22%、301

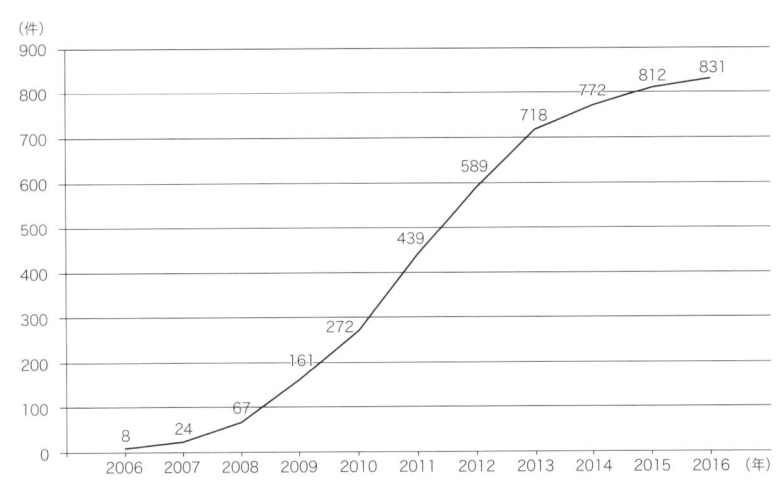

図1 ドイツにおけるエネルギー協同組合の設立数（累計）(出典：DGRV (2017))

〜500ユーロが31％となっており、平均出資額は4,417ユーロ（約57万円）である。組合あたりの平均投資額はおよそ220万ユーロ（約3億円）にのぼる。平均配当は3.84％であった。93％が発電事業を行っているが、地域熱供給事業を担う組合も10％ある。831組合全体で、16万7,000人の市民が参加し、7.4億ユーロ（約962億円）の出資が集まり、18.4億ユーロ（約2,392億円）の再エネへの投資が行われている。

　エネルギー協同組合の設立数が減少してきた背景には、再エネ法の改正がある。エネルギー協同組合設立をけん引してきたのは、固定価格買取制度（FIT）を規定した再エネ法（EEG）であった。しかし、再エネの価格低下に伴ってEEGの改正が進み、再エネによる電力を、卸売市場を通じた売買へと転換していくことが色濃く打ち出された。「FITからの卒業」(竹ケ原 (2015))と評される通り、もともとの法律の趣旨に沿った改正ではあるが、一方でエネルギー協同組合にとってはリスクが高まる改定であり、必ずしも組合側が望むタイミングや内容であったとはいえない。

　このようななか、組合はどのような取り組みを実施しているのであろうか。筆者が現地調査を行った事例を取り上げ、エネルギー協同組合の存在意義や今後の役割を考えたい。

4.2 オーデンバルト・エネルギー協同組合（ドイツ）
―地域に仕事を生み出すプラットフォーム

オーデンバルト郡は、ドイツ・ヘッセン州南部に位置する、人口9.7万人の地域である。郡の人口はヘッセン州で最も少なく、郡内の15の自治体のうち最も人口が多いミヒェルシュタットでもその人口は2万人弱、多くは人口数千人ほどの基礎自治体から成り立っている。高速道路網から離れていることから大企業は集積しておらず、主産業は一次産業と手工業である。

このオーデンバルト郡で活動するのが、2009年に設立された「オーデンバルト・エネルギー協同組合（Energiegenossenschaft Odenwald）」である。設立の中心となったのは、郡、基礎自治体、そして地元の金融機関であった。組合の目的として「Odenwälder investieren in den Odenwald（オーデンバルトの人々の投資をオーデンバルトに）」を掲げ、またミッションとして、地域のエナギーヴェンデの推進、自治体と連携した未来像づくり、文化イベントの開催、自治体や市民の連携促進、経済的・環境的・社会的な付加価値を創出するためのプラットフォームづくりなどを掲げて活動を行っている。組合員数は3,000名、組合員数から出資された資本の額は1,100万ユーロ（約14億円）にのぼる。

同組合が力を入れている分野の一つが建築である。

組合の事務所が入る「エネルギーの館」は、移転後に放置されていた元ビール工場を同組合が買い取り、オフィスビルとして大規模にリフォームしたものである。もちろん断熱性能は大幅に強化されており、ペレットボイラーによって熱供給がなされている。ここには、郡の建築関係の許認可の部局、民間の設計事務所、そして銀行まで、建築に関わるあらゆる主体が入居しており、ここを訪れれば建築関係のすべての手続きが可能となっている。郡で最も大きな幼稚園も入居している。1階にはイベントホールが設けられ、ここではコンサートなどの文化イベント、サッカーのパブリックビューイング、結婚式やパーティーが催される。そのためのケータリングサービス会社も館内にある。エネルギーの館の周辺には工場や倉庫、スーパーマーケットとして貸し出している低層の建物がいくつか並び、これらの屋根や駐車場には合計1.3MWの太陽光発電が設置されている。

オーデンバルト・エネルギー協同組合が入るエネルギーの館

太陽光発電が設置された賃貸用の建物

　プロジェクトマネージャーのシモン・コッホ氏は「太陽光発電で一定の売り上げがあるので、地域の企業にリーズナブルな賃料で建物を貸し出している」と語る。

　同組合は、エネルギーの館以外の幼稚園や障がい者就労施設なども建設している。幼稚園の設置は、自治体の役割である。しかしながら、小規模な自治体はその初期投資を準備するのが難しい。加えて、自治体が建設を発注する際には入札で受注業者を決めるため、遠方の業者が落札する可能性が高く、そうなると長期のメンテナンスも難しくなり、何よりも経済的付加価値が地域内に残らない。そこで、組合が主体となって幼稚園建設を行うことで、質の高い建物の建設を地元業者に発注することが可能となる。また、自治体に対して長期の賃貸を行うことで、組合は安定的な収益をあげることができる。

自治体にとっても、初期投資が不要で、地元に発注できて、長期間安心してメンテナンスを任せられるという利点がある。

もちろん、同組合は再エネプロジェクトも行っている。

これまでに設置した太陽光発電所の数は 83 カ所。ほとんどを民間の建築物の屋根に設置している。過去のプロジェクトの多くは、FIT を活用して 20 年間にわたり売電するビジネスモデルで進めてきた。ただし、近年では買取価格が低下してきたため、設置する施設にそのまま電力を販売し、余剰電力のみを電力会社に販売するというビジネスモデルを実現している。こうすることで、組合としては FIT によって全量売電するよりも高い単価で販売でき、当該施設にとっては商用電力を購入するよりも安い単価で購入できることから、両社にメリットが生まれる（ドイツでは太陽光発電システムの価格が日本の半額程度にまで下がっており、自家消費で十分に経済的利益が得られる状態になっている）。これ以外にメガソーラーも 2 カ所設置している。1 カ所はゴミの埋め立て地、もう 1 カ所は放牧地である。放牧地に設置したものについては、日差しが強い折に羊たちが逃げ込む屋根の役割を果たしており、牧羊事業者に喜ばれているという。

9 基の風力発電プロジェクトにも出資している。これは、単独での出資ではなく、他のエネルギー協同組合との共同プロジェクトである。ドイツでも景観や自然保護の観点から、全面的に風力発電建設が支持されているわけではない。そこで郡はゾーニングを行い、一部エリアにのみ風力発電設置を認め、他のエリアには設置を認めない措置をとった。組合が風車を建設したのは当然設置可能エリアであるが、エリアの状況からさらに多くの風車を建設することも可能であった。しかし、多くを建設して多くのお金を得ることが目的ではなく、地域にとって十分な発電量を得られる数を建設することにした。

また、電力の小売り事業として再エネ 100％の電力も販売しており、750 世帯ほどに供給しているほか、郡庁舎も顧客である。

同組合の仕事の発注対象は地元企業である。これによって地元の経済的付加価値が創出されている。地域に発注された仕事の数は 3,000 件以上、地域のプロジェクトへの投資総額は 5,000 万ユーロ（約 65 億円）にのぼっている。

出資者に対する配当は、年にもよるが年利 2.5 ～ 3.5％だという。

　プロジェクト・マネージャーのコッホ氏は、「郡は、再エネ 100％を目指しており、そのためのプラットフォームがこの組合。組合の目的は、利潤の最大化ではなくエナギーヴェンデの推進だ」と語る。すでに確認した通り、エナギーヴェンデは、単に原子力発電や火力発電からの電源のシフトを意味する言葉ではなく、分散型のエネルギー生産と供給を進め、地域に付加価値を生み出すことを含めた大きな変革を意味する言葉である。だからこそ、自らの団体の役割を「地域の付加価値を地域にとどめるための組織」と位置づけている。そして「この実現には組合という形態が適している。なぜなら、市民がプロジェクトに参加しやすく、組合が地域や市民にとってなくてはならない存在になる。それがこの組合のアイデンティティになる」のだとコッホ氏は語る。

　再エネの利用拡大や省エネ建築の増加は気候変動という地球規模の問題の解決にとって不可欠である。しかし、これを活動の最大目的に設定すると、地域社会が日常的に抱える課題と切り離されてしまいかねない。一方で、地域に経済的付加価値や雇用を生み出し暮らしに豊かさをもたらすという地域課題の解決を活動の最大目的に設定した場合、いい換えれば、エネルギー対策を目的ではなく手段と考えた場合にこそ、多くの市民や小規模自治体の共感と参加を得てプロジェクトを進めることができる。

4.3　ビュルガーベルケ協同組合（ドイツ）
― 76 の組合が連携して住民に電力を販売

　「ビュルガーベルケ協同組合（Bürgerwerke energie in gemeinschaft）」はドイツ・ハイデルベルグ市郊外の工業地帯に事務所を置く「組合のための組合」である。

　これまでエネルギー協同組合は、主に太陽光発電所や風力発電所の設置によって再エネによる電力生産を行ってきた。しかし、地域住民に対して電力の小売りを行うことは難しかった。なぜならば、小売り事業を行うためには専門職員を雇用し、認可を受ける必要があるためである。また、需給バランスをとり、採算規模に乗せるために、ある程度の顧客数を確保しなければな

らない。小さな組合では解決が難しいこうした問題を組合の連携によって解決し、利益を地域に還元するために立ち上げられたのが、ビュルガーベルケ協同組合である。2013年の立ち上げ時に参加していたのは9組合だったが、2015年9月（筆者らの調査時）に37組合、2017年12月現在は76組合まで増加している。

同組合は加盟組合らからFITより若干高い価格で電力を買い取り、主に加盟組合と連携して住民らに販売している。同組合が見据えているのはFIT後である。いずれ固定買取期間が終了する発電施設や安定的な買い取りを求める新規の発電施設の受け皿となり、組合に利益を還元しエナギーヴェンデを推進することを目指している。また、今後は電力以外のサービスの実施も検討しているという。

再エネ法の改正について理事のトアステン・シュバルツ氏は次のように語った。「法改正によって組合は問題を抱えることになった。しかし、逆にそれは問題を解決する新しいビジネスフィールドを生むことにつながる。このフィールドに踏み出すことによって、組合はより多くの付加価値を地域に生み出すことができる」。

4.4　エネルギー協同組合の存在意義

前述した通り、エネルギー協同組合は、資本力に関係なく1人1票の投票権を持つという点で極めて民主的な運営を行うことが可能である。また「地域主体の取り組みであるから、住民に配慮したやり方になり、その結果、反対運動も少なく普及が進みやすい」（和田（2011））、「地域の住民たちによって設立された、営利を追求しない組織である協同組合は、地方自治体との連携も進めやすい」（寺西ほか（2013））という特性もあり、エネルギー協同組合は地域の合意形成をスムーズにしてきた。加えて、組合制度を活用することで、農家などもともとエネルギー供給とは関係ない事業を担ってきた主体が、手軽に担い手として参加することが可能となった。これが、農山村地域に経済的付加価値をもたらすこととなった。

このように、エネルギー協同組合は、再エネ利用拡大という数字に表れる面だけではなく、エナギーヴェンデの担い手の裾野を広げ、これに共感する

人を増やし、民主的な合意形成を可能にして地域エネルギー・ガバナンスの土壌を整備するという面で、極めて重要な役割を果たしてきた。

　なお、先に確認した通り、現在ドイツにおいてはエネルギー協同組合の設立数は激減している。これは再エネ法の改正によって単なる「再エネ投資」が難しくなったことが原因の一つであると考えられる。ただし、DGRV（2017）によれば、今後1年間の投資予定に関して「さらなる投資の予定はない」と回答した組合は31％にとどまっており、これは前年の調査結果の33％を下回っている。そして、57％の組合が太陽光発電所への投資を、21％の組合が風力発電所への投資を予定している。また、エネルギー利用効率化への投資を検討している組合が10％、電気自動車ネットワークへの投資を予定している組合が8％存在するなど、投資先の多様化が見られる。つまり、エネルギー協同組合は一つの発電所を設立してそこで立ち止まるのではなく、次々とプロジェクトを生み出しているのである。一時期のような設立ラッシュの時期は終わったものの、今後もエネルギー協同組合は重要な役割を果たすと筆者らは考える。

　ここで、組合設立に関するドイツと日本の違いを確認しておきたい。

　ドイツの協同組合は、協同組合法という法律で規定されている。エネルギー協同組合を含むさまざまな組合が、かなりの自由度をもってこの法律のもとで運営されている。この点が、農業協同組合や生活協同組合が個別の法律で規定されている日本と異なる。また、ドイツでは、組合員のほかに投資組合員も明確に認められている。この点も、協同組合の員外利用に厳しい日本との違いである。これらの違いから、日本ではドイツのようなエネルギー協同組合を設立することは、事実上困難である（寺西ほか（2013））。それゆえ日本の制度に合った形での市民共同発電所づくりが模索されてきたが（和田ほか（2014））、寺西ほか（2013）が指摘する通り、法制度に踏み込んだ議論が必要となろう。

5　省エネルギーを支えるしくみ

　欧州では、自治体公社やエネルギー協同組合以外にも、多様な主体が地域

エネルギー・ガバナンスの担い手として活躍し、各主体の取り組みが相互に連携している。本節では、そのなかから二つの例を簡単に紹介したい。

5.1　エネルギー相談員ネットワーク

ドイツでは、住宅の省エネルギー改修が気候変動対策および地域経済活性化のポイントとされている。また、企業の省エネに対するコスト削減も同じく重要な課題となっている。1章で触れた通り、省エネルギーバリアを乗り越えてこれらを効果的に進めるためには、個別の建物の断熱やボイラーの状況を診断し、適切な改修方法や最適な補助金のアドバイスを行う伴走支援者の存在が不可欠である。ドイツにおいてこれを担うのが「エネルギー相談員」であり、ドイツ連邦のエネルギー・エージェンシーのリストに登録されているエネルギー相談員の総数は 1 万 4,000 人にのぼる。エネルギー相談員は、建築、空調、都市計画などに関する専門家である。

エネルギー相談員としての活動を効果的に行うためには、常に最新の技術情報や補助金情報を把握し、また自身が得意ではない分野に関する相談をほかの相談員に回すためのネットワークが欠かせない。そこでエネルギー相談員の互助組織としてつくられたのが「ドイツエネルギー相談員ネットワーク（DEN）」である。

DEN の会員はドイツ全土で全 700 人。エネルギー相談員総数に占める割合は 5%ほどだが、実施される相談の 60%は DEN 会員によるものだという（筆者らのヒアリング調査による）。DEN は、州ごとに支部を持ち、最新の技術・補助金情報の提供、会員のネットワーク化とノウハウの共有などを行っている。また、州政府や連邦政府に対して現場の声を届ける活動も行っている。

エネルギー相談員とそのネットワークが機能することで、建物を改修する施主は公平な立場からアドバイスを受けることができ、納得した上で安心して改修を実施することができる。そしてこれが、住まいの暮らしやすさの向上、光熱費の削減、地域の仕事づくり、CO_2 削減といったさまざまな便益を地域にもたらしている。

5.2　低所得者向け省エネルギー診断事業

　一般に、収入が少ない世帯ほど収入に占めるエネルギー費用の割合が高くなることが知られており、とりわけ寒冷地においては暖房に多くのエネルギーが必要となることから、この傾向は顕著となる。これは日本においても例外ではない（森ほか（2016））。イギリスの「燃料貧困戦略（Fuel Poverty Strategy）」（2001 年）では、「暖房で適正な室温を維持するために、世帯収入の 10%以上を費やさなければならない家庭」を燃料貧困と定義している。

　ドイツにおいて、燃料貧困問題解決のために実施されているのが、低所得者向けの省エネ診断事業である。この事業を担う「カリタス（caritas）」は、ドイツを中心に活動するカトリックを母体とする福祉事業団体である。カリタス省エネ診断事業は、カリタス・フランクフルト支部が、フランクフルト市、フランクフルト職業安定所などと連携して開始したものである。診断員が 2 人 1 組で低所得者の自宅を訪問し、その家庭の実情に合った省エネ方法を診断・提案する事業で、毎年 1,000 件もの診断が実施されている。

　診断員は、まず聞き取り調査と計測によってエネルギー使用実態を把握する。例えば、必要以上にこまめに洗濯をしている家庭に対しては、まとめ洗いの方が省エネになるなどのアドバイスをする（ドイツでは温水で洗濯することが一般的なため、水量だけでなくエネルギー節約効果も大きい）。そして、1 週間後に再度訪問をする。これはその家庭に合った省エネグッズを提供するためである。LED 電球や節水シャワーヘッド、省エネタップ（待機電力をカットするスイッチ付きコンセント）など、1 回目の訪問でリストアップしたグッズを最大 70 ユーロ（約 9,100 円）分を揃えて持参し、単に手渡すだけではなく取り付けまでを行う。そして、フォローアップのために、1 年後に改めて訪問する。

　特徴的なのは、診断員が失業者であるということだ。彼らは、8 週間の研修のなかで、省エネ知識を学びながらコミュニケーショントレーニングを受ける。その後、基本的に 1 年間の期限を区切って雇用され、低所得者の家に派遣されることになる。つまり、このプロジェクト自体が失業者が社会復帰するためのステップになっているのである。

　この取り組みは、現在ではドイツ全土へと広がっており、大きな成果をあ

げている。上園（2017）によれば、CO₂ 削減量は世帯あたり 287kg であり、省エネグッズをその寿命まで使い続けた場合の効果を積算すれば世帯あたり 1,864kg と推計される。光熱水費の削減効果は世帯あたり年間 160 ユーロ（約 3 万円）、省エネグッズをその寿命まで使い続けた場合は 1,199 ユーロ（約 15 万円）となる。つまり、低所得者に対して現金を渡すよりもはるかに大きな生活支援効果をあげている。診断には世帯あたり 300 ユーロ（約 3.9 万円）がかかり、連邦政府が 200 ユーロ（約 2.6 万円）、自治体が 100 ユーロ（約 1.3 万円）を負担しているが、連邦政府は低所得者向けに支払う社会的費用を世帯あたり少なくとも 350 ユーロ（約 4.5 万円）節約しているという。

上園（2017）は、このカリタス省エネ診断事業について、「①環境対策（CO₂ 排出削減）、②福祉対策（低所得者の光熱水費の節約）、③失業対策（失業者の雇用創出）、④行政経費の節約（行政の光熱水維持費や失業手当費用の削減）という主に四つの効果を同時に生み出しており、環境政策統合の成功例」であると評価している。また、成功のポイントとして、「①省エネ機器の無料配布、②行政の財源確保、③実施主体間の連携」の 3 点を挙げている。

6　日本での担い手の多様化と重層化に向けて

以上のように、本章では、地域エネルギー事業の担い手に着目して考察を行ってきた。章を締めくくるにあたり、欧州の例をもとに日本で地域エネルギー・ガバナンスを推進するための担い手のあり方について述べたい。

最大のポイントは、自治体の首長を含む地域のさまざまな担い手が「エネルギー事業を通じて持続可能な地域づくりを目指す」という認識を共有することである。言うまでもなく、持続可能な社会とは、環境保全、経済発展、社会的包摂の鼎立を実現した社会である。エネルギーだけを切り取って取り組みを行うのではなく、むしろ「エネルギー事業を"手段"として活用する」という発想で事業を推進できる担い手の増加が必要である。すでに確認した通り、欧州ではこれがかなりの程度実現されており、日本においても各地で芽吹き始めている。これを日本全体の共通認識とするため、担い手同士の連携が重要となろう。

また、本章の事例を通じて確認したように、このような取り組みを推進するにあたって、その担い手はエネルギー問題を扱う主体にとどまらず、例えば地域の交通、高齢者や低所得者の生活支援、一次産業、住宅建築、中心市街地活性化など、地域社会づくりを担うあらゆる主体である必要がある。つまり、推進主体の多様化が必要不可欠である。そして、これらの主体を有機的に結合させるためには、3章で確認した通り、自治体政策における政策統合が不可欠であり、これを土台とする推進主体の分野横断的、かつ重層的な連携が必要となる。

　とはいえ、一口に「推進主体の多様化と重層化」といっても、これを簡単に地域で実現できるとは思えない。小さな自治体では職員数も不足し、その地域で活動するさまざまな主体も充実しているとは言えない。そこで、モデル地域で実践されているような取り組みを普遍化するために、推進主体を支えるためのしくみが必要となる。では、地域エネルギー・ガバナンスを進めるにあたり、地域の主役たちが最大限の力を発揮できるような支援の制度や組織とはどのようなものであろうか。次章以降では、そこに注目してさらに考察を深めることにする。

〈参考文献〉
・Berlo, K. und Wagner, O.（2013）Stadtwerke-Neugründungen und Rekommunalisierungen, Energieversorgung in kommunaler Verantwortung, Wuppertal Inst. For Climate, Environment and Energy
・DGRV（2017）Jahresumfrage Energiegenossenschaften 2017
　https://www.genossenschaften.de/jahresumfrage-energiegenossenschaften-2017
・VKU（2016）Kommunale Ver‐und Entsorgungsunternehmen in Zahlen: Zahlen, Daten, Fakten 2016, VKU Verlag
・石田信隆（2013）「再生可能エネルギー導入における協同組合の役割：ドイツの事例と日本への示唆」『一橋経済学』7（1）
・池田憲昭（2014a）「第4章　市民エネルギー組合」、村上敦・池田憲昭・滝川薫『100％再生可能へ！ドイツの市民エネルギー企業』学芸出版社
・池田憲昭（2014b）「第5章　都市エネルギー公社」、村上敦・池田憲昭・滝川薫『100％再生可能へ！ドイツの市民エネルギー企業』学芸出版社
・上園昌武（2017）「地球温暖化対策とエネルギー貧困対策の政策統合：ドイツの省エネ診断制度を事例に」『経済科学論集』（43）、島根大学法経学科
・オーデンバルト エネルギー協同組合ウェブサイト　http://www.ego-strom.de/
・環境省（2015）「地方自治体の地域エネルギー政策推進に向けた取り組みみ状況について（報告）」
・木原浩貴（2016）「公社・組合が進める"FIT後"のエネルギーヴェンデ：ドイツにおける再エネを軸とした地域づくりの事例」『人間と環境』42（1）、日本環境学会
・竹ケ原啓介（2015）「『FIT卒業』へドイツが進める再エネ改革」『日経エコロジー』Vol. 192

・寺西俊一・石田信隆・山下英俊（2013）『ドイツに学ぶ地域からのエネルギー転換：再生可能エネルギーと地域の自立』家の光協会
・豊田陽介（2016）「市民・地域主体による再生可能エネルギー普及の取り組み：「市民・地域共同発電所」の動向と展望」『サステナビリティ研究』(6)、法政大学サステナビリティ研究所
・豊田陽介・手塚智子（2017）「ドイツ・ハンブルク市における配電網再公有化に見るエネルギーの自治」『人間と環境』43（2）、日本環境学会
・中山琢夫・山東晃大・井上博成・諸富徹（2014）「電力自由化の下での地域分散型電力システム：ドイツにおける再生可能エネルギーと配電網の自治体による再公有化を中心に」『財政と公共政策』第55号、京都大学財政学研究会
・みやまスマートエネルギー株式会社（2017）「自治体主導地域エネルギー会社の事業担い手形態について」、京都大学「再エネ大量導入を前提とした分散型電力システムの設計と地域的な経済波及効果に関する研究プロジェクト」2017年7月1日シンポジウム報告資料 http://www. ider-project. jp/stage2/feature/00000178/file03.pdf
・森太郎・紺野良文・小澤丈夫（2016）「寒冷地のFuel Povertyの実態に関する研究その1 Fuel Povertyの定義と統計データの分析」『日本建築学会大会学術講演梗概集（九州）』日本建築学会
・ラウパッハ・スミヤヨーク（2017）「ドイツシュタットベルケの変化するヨーロッパエネルギー市場への対応戦略」『経済論叢』190（4）、京都大学経済学会
・和田武（2011）『拡大する世界の再生可能エネルギー』世界思想社
・和田武・田浦健朗・豊田陽介・伊東慎吾（2014）『市民・地域共同発電所のつくり方』かもがわ出版

ENERGY GOVERNANCE

5章
欧州のエネルギー自立を
推進する制度

豊田陽介

1 エネルギー政策のクオリティ・マネジメント・システム

　日本の多くの自治体にとって地域独自のエネルギー政策に取り組むことは、一定の課題として認識されているものの、人材や予算などの課題から十分に進んでいない。一方、欧州では、地域のエネルギー自立を推進するスタートアップ支援からその後の継続・改善につなげるしくみとして「クオリティ・マネジメント」制度が確立され、さらに国を超えて制度の共通化が進められたことで欧州全土に広がりつつある。日本でも欧州に学び、地域のエネルギー自立を推進するためのしくみづくりが求められる。

　そこで本章では、スイス、オーストリア、そして EU における地域エネルギー政策を推進するためのクオリティ・マネジメント制度について概要と背景、実装状況について紹介する。

1.1 エネルギー政策のクオリティ・マネジメント・システムとは

　エネルギー政策のクオリティ・マネジメント・システム（QMS）とは、自治体におけるエネルギー政策を推進するためのしくみであり、エネルギー政策の品質を一定基準に引き上げることを目的とした支援制度である。一般的に自治体におけるエネルギー政策は、各地域の特性（資源や地形、伝統・文化、産業などを）を生かした形で進められることが重要となる。一方で、地域独自のエネルギー政策を実施していくために必要となる考え方や、基本的な対策、推進体制などについては、一定共通する要素が含まれている。エネルギー政策の QMS は、こうした共通する要因や経験則、プロセスを整理し、パッケージ化したものである。

　EU でも温暖化対策を進める自治体の状況を見ると、1990 年代末には、多くの自治体で気候保護やエネルギーに関する計画やビジョンが策定されていたものの、それらのほとんどが実施されていない状況にあった。そこで、オーストリアの「e5 プログラム」、スイスの「エネルギー都市制度」を先駆けとして新たなしくみをつくっていくことになった。その後 EU の「ヨーロピアン・エナジー・アワード（EEA）」が創設され、多国間での実施が進められることに合わせて e5 プログラムやエネルギー都市制度の基準も統一され、

共通の枠組みとして欧州全土で取り組まれるようになった。

　日本の環境モデル都市や環境未来都市、ドイツの100%再エネ地域などが先進的な自治体によるモデル形成を目的としているのに対して、エネルギー政策のQMSでは、自治体の取り組みを一過性のものとして終わらせることなく、継続することを重視するしくみになっている。

　次節以降では、エネルギー政策のQMSについてオーストリアのe5プログラムと、スイスのエネルギー都市制度、EUレベルで実施されているヨーロピアン・エナジー・アワードについて紹介する。

1.2　オーストリア：E5プログラム

(1) オーストリアのエネルギー政策

　オーストリアは人口約880万人、ウィーンを含めて九つの州と2,359の市町村で構成される地方分権が進んだ国である。2050年までに省エネと再エネにより脱化石エネルギーの達成を目指している。オーストリアでは、1978年の国民投票の結果、ニーダーエスターライヒ州ツヴェンテンドルフで国内初となるべく建設された原発を稼働させることなく禁止することが決定された。さらに同年には「原子力禁止法」が可決され、翌年には憲法でオーストリアでの原子力発電の禁止が規定された。これによって、オーストリアは原子力発電を持たない国となった。

　オーストリアのエネルギー政策としては、2010年に「オーストリア・エネルギー戦略」を策定、2011年には気候変動法を制定している。このなかでEUの「三つの20目標」[*1]を採択し、再エネと省エネに取り組んでいる。2020年までの数値目標としては、2005年比で20%のエネルギー効率の向上、再エネの割合を34%に増加させることによって、温室効果ガスを16%削減することを目指している。なお、大規模排出事業者についてはEU排出量取引制度（EU-ETS）[*2]によって温室効果ガスを21%削減することを見込んでいる。

　再エネについては、固定価格買取制度（FIT）を2003年から開始し、エネルギー電源別の買取期間と価格を設けている。買取期間は、風力、太陽光、廃棄物ガス、地熱が13年間、バイオマスとバイオガスは15年間となってい

る。価格は適宜見直しが行われており、近年は太陽光発電の価格が急速に低下している（図1、表1）。一方バイオガスや風力発電については、当初の買取価格の維持または引き上げを行っている。

　こうした政策の成果もあり、オーストリアにおける再エネ電力の比率は2015年で70.3%になっている。特に水力発電の割合が高く、それに加えてバイオマスによる熱共有も盛んで、国内の広い地域に地域熱供給網が整備されている。さらに近年では太陽光発電や風力発電も順調に成長してきている。

　また、オーストリアでは、省エネにも力を入れている。同国のエネルギー効率法は、EUの「エネルギー効率指令（2012 ／ 27 ／ EU）」に基づいてお

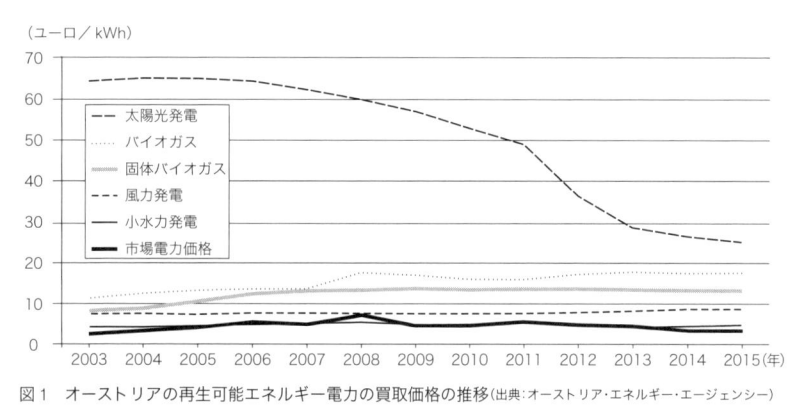

図1　オーストリアの再生可能エネルギー電力の買取価格の推移（出典：オーストリア・エネルギー・エージェンシー）

表1　オーストリアの再生可能エネルギー電力買取制度の 2017 年の価格
（出典：オーストリア・エネルギー・エージェンシー資料）

再生可能エネルギー	買取価格 （ユーロ／ kWh）
太陽光発電　5kW ～ 200kW	7.91
バイオガス[1)	12.38 ～ 18.48
固体バイオマス[1)	10.50 ～ 22
風力発電[2)	8.95
小水力発電	4.82 ～ 10.25
地熱発電	7.36

1)　買取価格は発電所の規模による。小規模の発電所ほど買取価格は高くなる。
2)　買取価格は系統に流入する電力量に応じて段階的に低下する。

り、2020 年までにエネルギー効率性を 20%改善することを目標としている。同法は実行計画のなかで、エネルギー供給事業者に販売量の一定割合を省エネによって削減することを求め、公共施設の省エネ・断熱性能の向上を図っている。オーストリアでは 1995 年頃から建物の省エネ性能向上のために、国内産木材を使った省エネ性能の高い CLT（Cross Laminated Timber）と呼ばれる建築工法の開発・実装が進んできた。2000 年に法律が改定され CLT による木造の高層建築が建てられるようになったことで広がった。近年ではオーストリア国内のみならずカナダやアメリカなど各国にも広がりを見せるようになり、オーストリアの林業や地域の建築産業の活性化にも寄与している。

　こうした国の政策に加えて市町村単位での取り組みとしては、後述する e5 プログラムへの参加、環境 NGO「気候同盟」や州のエネルギー・エージェンシー（中間支援組織、6 章参照）が提供する自治体向けのサービスなど、重層的な自治体支援制度が構築されている。

(2) オーストリアの自治体支援政策

　前述したようにオーストリアでは、国と州、エネルギー・エージェンシー、NGO などによって重層的な自治体支援制度が構築されている。例えばニーダーエーストライヒ州では、州のエネルギー・エージェンシーが自治体を対象とした環境サービスを提供している。支援の内容は、助成金情報の提供や共同でのグリーン購入、建物改修や省エネ・再エネ設備の導入などに関する無料のアドバイスといったサービスを提供している。

　こうした基本的なサービスに加えて、国際的な自治体ネットワーク組織である「気候同盟（英語：Climate Alliance、ドイツ語：Klimabundnis）」に加入することで、クリマチェック*3 など取り組み状況を確認・評価するためのツールの提供をはじめとする、さらなる支援を受けることが可能になる。

　気候同盟に加入するためには、人口規模に応じた会費を支払うとともに、加盟時から 5 年ごとに CO_2 排出量を 10%ずつ削減し、遅くとも 2030 年までに市民 1 人あたりの CO_2 排出量を 1990 年比で半減することが議会で承認されなくてはならない。気候同盟の加入には一定の負担やコストがかかるものの、さまざまななサービスを受けることができたり、後述するアマゾンの支援に

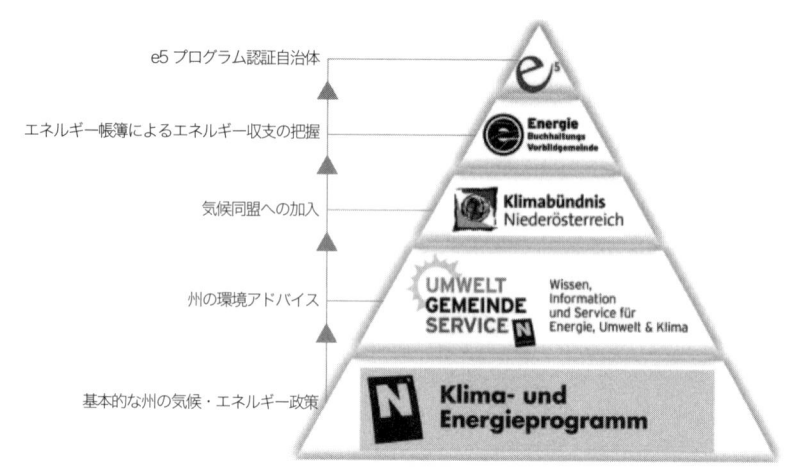

図2　オーストリア・ニーダーエスターライヒ州におけるエネルギー政策の支援制度の構造
（出典：Energie- und Umweltagentur NO（eNu）資料）

参加する機会を得たり、エネルギー政策に取り組む先進的な自治体であることをアピールすることができる。

　さらに積極的な自治体は、「e5プログラム」に取り組む。e5プログラムについては後述のように自治体活動の全体をカバーする認証評価制度である。そのため参加する自治体には州およびエネルギー・エージェンシーが派遣する専門のアドバイザーによる同伴支援が行われる。e5プログラムは非常に高いレベルでの取り組みであるため、自治体にもそれを実施・継続していくための体制づくりと一定のコスト負担が求められることになる。

　図2のように、オーストリアのエネルギー政策は、自治体支援制度がピラミッド的に構築されており、自治体はその取り組みレベルに応じて必要な支援を受けることができるのが特徴である。

(3) オーストリアの e5 プログラム

　「e5プログラム（e5-Programm）」は、自治体によるエネルギー政策を促進するためにその実施・到達状況を評価・認証することを目的にオーストリア国内で実施されているシステムである。e5プログラムは、将来的に気候変動とエネルギー問題に対応できる自治体になること、自治体のエネルギー消費

量を減らすこと、再エネへの転換を進めること、住民が生きがいを見出せるようなサステイナブルな自治体になること、をサポートすることを目的にしている。つまり、自治体によるエネルギー政策の推進を通じて、空間計画や住民の買い物支援や交通アクセスの確保など、持続可能な地域づくりの達成を支援することを目的にしているのである。

　e5プログラムは1998年に開発され、フォーアールベルク州、ザルツブルク州、チロル州で始められた。e5の規格については、国レベルのエネルギー・エージェンシーであり、各州のエネルギー・エージェンシーの取りまとめを行う機関でもある「オーストリア・エネルギー・エージェンシー」が定め、主に各州のエネルギー・エージェンシーに所属する専門的なトレーニングを受けた40人のe5アドバイザーが各自治体のe5の取得のサポートを行っている。2017年現在、同国内9州のうちの7州で実施されており、計206の基礎自治体が参加している（図3）。

　e5プログラムに参加し、その認証を受けるためには、6分野の79対策が掲載された対策カタログを元にポテンシャルを分析し、ポテンシャルに見合った目標を設定して対策を実施する。対策分野は、都市計画・開発分野、建築設備・街区照明分野、エネルギー需給分野(エネルギー消費、水道、下水、廃棄物)、交通分野、コミュニケーションと連携・協働分野、内部体制になる。

　これらの対策分野におけるポテンシャル調査や具体的な対策の検討のため

図3　オーストリアにおける e5 プログラム参加自治体 (2017年4月時点) (出典：e5オーストリアのウェブサイト)

に自治体は分野横断の運営チーム（e5 チーム）を構築し、各州のエネルギー・エージェンシーから派遣される e5 アドバイザーからのサポートを受けて計画をつくり、対策を進めていく。e5 チームの構成は自治体によって異なるが、行政職員だけでなく議員や住民などの幅広いメンバーで構成されている。

e5 の認証にあたっては、専門家によって構成される認証機関が対策ごとの達成状況を審査し、目標の達成状況に応じて認証を行う。e5 としての認証を受けるためには、少なくとも対策カタログに示された実施可能な対策項目の25%以上の達成が求められる。対策の達成状況に合わせて「e」の数が増加し、25%以上で「e」、37%以上で「ee」、50%以上で「eee」、62%以上で「eeee」、75%以上の達成率で「eeeee」認証となる段階評価のしくみになっている。現在参加している 206 自治体のうち 16 自治体が最高レベルの「eeeee」自治体として認証されている。また、これらの e5 プログラムに参加する自治体は、3 年ごとに再認証を行うことになっており、再認証に向けて取り組みを継続・強化していくことが求められる。

1.3　スイス：エネルギー都市制度

（1）スイスのエネルギー政策

スイスは人口約 808 万人、23 の州（うち 3 州は二つの準州に分かれているので、準州を含めると 26 州）からなる連邦制の国であり、2,889 の市町村が存在している。

スイスの国内総生産（GDP）は日本の 1 割にも満たないが、1 人あたりの国民総所得は日本やドイツ、アメリカよりも高く、世界で最も豊かな国の一つである。現在も GDP の成長と人口の増加が続いている。

その一方で、2005 年からエネルギー消費量は減少傾向にある。この背景には産業の移転だけでなく、国内におけるエネルギー消費量の削減を目指す「2,000W（ワット）社会」政策がある。現在スイスでは 2050 年までに年間エネルギー使用量を 2,000W までに抑えることを目標に掲げている。平均的なスイス人のエネルギー使用量は現在年間 6,300W であり、エネルギー消費の3 分の 2 を削減することを目指すことになる。中長期的な目標としては、

2050 年頃に 3,500W、2100 年には 2,000W に、そしてそのうち 75％を再エネで賄う計画である。

　また、スイスは福島第一原子力発電所の事故を受けて、2011 年 5 月に「段階的脱原発」を宣言している。2012 年 9 月末には連邦議会からの支持を得て、脱原発を具体的に進めるエネルギー基本方針「エネルギー戦略 2050」を発表した。2035 年までに年間 1 人あたり 2000 年比で 35％の省エネを目指し、2050 年には原発ゼロ、再エネを大幅増加させる見通しである。

(2) スイスのエネルギー都市制度

　これらの計画を達成するための進捗管理のための制度の一つとして、自治体を対象とした「エネルギー都市（Energiestadt）」制度がある。エネルギー都市制度は、先進的で総合的なエネルギー政策を実施する自治体を認証する制度であり、現在、同制度には、651 の自治体が参加している。このうち 372 自治体がエネルギー都市認証を受けている。これはスイス国民の 64％が住んでいる地域が同制度に参加し、50％以上の国民が認証を受けたエネルギー都市に暮らしていることになる。

　これらのエネルギー都市制度の実施、運用にあたっては、エネルギー・コンサルティング社（ENERGIE Consulting AG、ENCO）が国からの委託を受けてエネルギー都市認証協会の事務局を担っている。ENCO はエネルギー都市を目指す自治体の取り組みをサポートするとともに、自治体の専属アドバイザーとなる民間の人材の養成に力を入れている。現在 100 名ほどのアドバイザーがいるが、エネルギー都市コンサルタントとして認証されるためには、専門的な知識や技能を有していることに加えて、最低年 2 回の講座を受ける必要がある。

　エネルギー都市として認証を受けるためには、対策ポテンシャルを分析し、ポテンシャルに見合った目標を設定して対策を実施することになる（表 2）。自治体は実施にあたって分野横断の運営チームを構築し、エネルギー都市認証協会の承認を受けたエネルギー都市コンサルタントの協力を受けて計画をつくり、取り組みを進めていく。エネルギー都市認証協会の第三者機関は自治体の達成状況を審査し、目標の達成状況に応じて認証を行う。エネルギー

表2　エネルギー都市認証の手順（出典：エネルギー都市制度のウェブサイトより筆者作成）

ステップ1	自治体はエネルギー都市認証協会から制度の詳細、期限やコスト、支援内容に関する説明を受ける
ステップ2	エネルギー都市制度に取り組むことを決定し、エネルギー都市認証協会のメンバーに加入する
ステップ3	エネルギー都市コンサルタントの選定と協力協定を取り交わす
ステップ4	対策カタログを参考に効果的かつ実施可能性の高い対策について、最大限実施可能なポテンシャルの設定を行う
ステップ5	強味と弱味について分析し、将来的に実施可能なアクションなどについてのビジョンを提示する
ステップ6	分野横断的なメンバーで構成された自治体内でのワーキンググループを形成する
ステップ7	分析に基づき具体的なエネルギー政策プログラムの開発や実施
ステップ8	計画実施の意思決定と当初対策の実施
ステップ9	エネルギー都市認証委員会への認証申込
ステップ10	エネルギー都市認証協会を介した認証の付与
ステップ11	エネルギー都市コンサルタントによる年間パフォーマンス評価と新たな目標と対策の確認
ステップ12	4年ごとのエネルギー都市認証委員会による再認証

都市としての認証を受けるためには、可能な対策項目の50％以上の達成が求められる。75％以上の達成率でゴールドマーク認証を受けることができ、欧州の認証制度であるヨーロピアン・エナジー・アワード（EEA、後述）の評価対象になることができる。エネルギー都市認証を受けた自治体では、4年後に再度認証を受けることになっており、再認証に向けて取り組みを継続・強化していくことが求められる。

(3) チューリッヒ市のエネルギー都市の取り組み

　チューリッヒ市はスイス中央部に位置する同国最大の都市である。人口は約39万人で、チューリッヒ都市圏地域には200万人近くが暮らしている。チューリッヒ市では全国に先駆けて、2008年11月に住民投票によって76％の賛成を受け、「2,000W社会」を市の条例に位置づけることが承認された。2,000W社会の達成を目指し、2003年に策定したエネルギー・マスタープラ

ン（EMP）に基づき、対策の更新・強化を進めている。

　具体的な対策としては、都市部であることから、住宅や公共施設、事業所などの建物におけるエネルギー消費の削減に重点が置かれており、一次エネルギーの50%程度を削減できる見通しになっている。また、新築建物だけでなく既存建物の改修による省エネ性能の向上に取り組むとともに、都市計画において建物の面積を増やさないようにすることが前提となっている。このほか、エネルギー分野では電力公社による再エネ電力の供給割合を高める取り組みが行われている。学校の屋根などに太陽光発電を設置するプロジェクトや風力発電への投資、河川や地中熱などを熱源とする地域暖房網の拡張を進めていく予定である。

　さらにチューリッヒ市では、2000年からエネルギー都市認証制度に参加し、これまでに4度の認証更新をしてきた。最初の認証更新年にあたる2004年からエネルギー都市認証のゴールドマーク認証を受けており、EEAの2016年のランキングでは11位に選出されている。市のエネルギー都市担当者であるマルティナ・ブルーム氏は「エネルギー都市は、自らが定めるものではなく、第三者の基準であり、信頼性があるものであるからこそ、その評価を受けることが重要であると考えている」という[4]。このようにチューリッヒ市の取り組みはEEAへの参加を通じてその評価をさらに高め、広く欧州で知られることになった。

1.4　EU：ヨーロピアン・エナジー・アワード

　「ヨーロピアン・エナジー・アワード（EEA）」は、欧州地域を対象とする自治体のエネルギー政策のクオリティ・マネジメントを目的とした認証・表彰制度である。2014年末時点で1,346の自治体が参加しており、そのうち50%以上の対策を達成した720自治体が表彰自治体となり、さらに75%以上の対策を達成した87自治体がゴールド自治体として選ばれている。

　現在のEEA参加国（自治体数）は、オーストリア（179自治体）、スイス（618）、フランス（78）、ドイツ（313）、イタリア（49）、リヒテンシュタイン（11）、ルクセンブルク（93）、モナコ（1）[5]の8カ国で、モロッコ、ルーマニア、ウクライナでパイロット的に実施されている。

表 3　EEA ゴールド自治体のベンチマークリスト（2016 年）
（出典：EEA「European Energy Award Gold Benchmark 2016」より一部抜粋）

ランク	国	自治体名	人口（人）	達成率（%）	最終審査年
1	ドイツ	ザーベック村（Saerbeck）	7,300	90.2	2016
2	ドイツ	ミュンスター市（Munster）	299,708	89.1	2015
3	ドイツ	オストベーヴェルン市（Ostbevern）	10,500	87.5	2016
4	オーストリア	ツヴィッシェンヴァッサー村（Zwischenwasser）	3,100	87.3	2013
5	ドイツ	ボトロップ市（Bottrop）	116,017	86.8	2016
6	ドイツ	ヴィルポーツリード村（Wildpoldsried）	2,500	86.5	2014
7	オーストリア	メーダー村（Mäder）	3,743	86.2	2013
7	ドイツ	ラーベンスブルク市（Ravensburg）	49,172	86.2	2016
9	オーストリア	アイゼンカッペル村（Eisenkappel-Vellach）	2,466	85.2	2014
10	オーストリア	ヴィルゲン村（Virgen）	2,199	85.0	2013
11	スイス	チューリッヒ市（Zürich）	384,786	84.6	2016
12	ドイツ	ギュータースロー郡（Gütersloh/Kreis）	361,361	84.3	2016
13	スイス	シャフハウゼン市（Schaffhausen）	36,100	84.1	2016
14	スイス	ローザンヌ市（Lausanne）	125,885	83.8	2013
14	ドイツ	ブラーケル市（Brakel）	17,675	83.8	2015
16	オーストリア	フェルトキルヒ市（Feldkirch）	31,115	83.6	2015
16	ドイツ	リートベルク市（Rietberg）	28,841	83.6	2015
18	オーストリア	ランゲンエッグ村（Langenegg）	1,066	83.3	2013
19	ドイツ	アーヘン市（Aachen）	240,086	83.0	2015
19	ドイツ	ヴァーレンドルフ郡（Warendorf/Kreis）	273,412	83.0	2016

EEA は先に紹介したオーストリアの e5 プログラム、スイスのエネルギー都市制度と互換性を持っており、これらの国ではそれぞれの制度で高い成果をあげた自治体が EEA にエントリーしている。それ以外の国では EEA のプロセスに従ってエントリーを行い、評価・認証を受けることになる。その際には e5 プログラムやエネルギー都市制度と同じように EEA 事務局からツールの提供やアドバイスなどさまざまな支援を受けることができる。

EEA では国際的に自治体の取り組みのベンチマーク化を図ることで、自治体同士が競いあいながら取り組みを活性化させることを重視しており、各自治体の取り組み状況をランキングとして公表している（表3）。また、最優良事例は、効果的な取り組みとして参加自治体に広く共有され、逆に共通の課題への対応については各国の EEA 機関によって具体的な研修が行われるなど、共通化と経験共有による支援が行われている。

2 日本では実現できるか

ここまで、自治体がエネルギー政策を推進するための欧州のクオリティ・マネジメント制度の実施状況を紹介してきた。ここではそれら制度の意義について整理する。

一つ目の意義としては、自治体におけるエネルギー政策の効率的かつ効果的な推進と強化、継続につながっていることである。対策カタログを元にポテンシャル分析や具体的な対策の検討が行われ、さらにアドバイザーによるサポートを受けることができるため、どのような自治体であっても一定レベル以上の対策が実施可能になる。また認証を受けることは自治体にとっても名誉なことであり、小さな自治体が EU 全体に名前を知られることになる良い機会でもあることから、継続・ステップアップのモチベーションにつながる。

二つ目の意義としては、同制度への参加は、結果として地域内のエネルギーにかかるコストを低減し、省エネや再エネなどの地域内への投資を進め、地域内経済の循環や住民の生活の質の向上につながるというメリットである。日本では温暖化対策に取り組むことは生活を脅かし質を低下させるという認

識が未だに強くある。一方、欧州をはじめ世界では温暖化対策を進めることは生活の質を高め豊かにするものであるという認識が強い。

　こうした認識の背景にあるのは、省エネや再エネに取り組むことが、地域の工務店をはじめとする建築業、農業、林業などの一次産業、コンサルタントなどのサービス業などで新たな雇用を生み出すこと。省エネ性能の高い住宅に住むと温度差が少なく快適で健康的な日々の暮らしにつながること。公共交通を充実させると、CO_2 の削減のみならず地域交通の利便性を高め、交通弱者の移動手段の確保と街の賑わいをつくれること。こうしたことが人々にうまく共有されているからである。このように、持続可能なまちづくりの実現につながる筋道をエネルギー政策の QMS は示していることから、生き残りをかけた自治体にとって、参加の意義は大きなものになっている。

　三つ目の意義としては、自治体間の国際的なネットワークを形成することで、有効な対策を容易に普及させることができることだ。自治体同士の取り組みは、EEA の参加自治体専用データベースに登録され、お互いの取り組み状況が確認できるようになっている。また、定期的に各国や EU 単位での交流の場が設けられており、お互いの取り組みに関する意見やノウハウを共有しやすい環境が形成されている。例えば小さな一つの自治体で始まった取り組みであっても、効果的であると認識されれば前述のネットワークを通じて EU 全体の EEA 参加自治体に広がっていくようになる。

　それに加えて、国や EU の制度や政策が変更された時なども、これらのネットワークを通じて周知していくことが可能になる。そのため、欧州においては、エネルギー政策の QMS は、自治体レベルの取り組みを推進するとともに、EU や国の掲げる政策方針や目標を地域に普及していく上でも有効な枠組みとして機能している。それゆえに EU または各国の政府によって同一規格の QMS が推進されているのである。また、その推進にあたっては政府と民間の中間支援組織の協働で行われていることに特徴がある。

　日本でも環境モデル都市や環境未来都市などの先進的な自治体を選出する制度や民間による認証制度はあるが、いずれも各自治体の独自性と自主性に依拠した制度であり、欧州の QMS のように協働の制度として定着化しているとはいえない。3.11 を機に日本の自治体においても、エネルギー政策を推

進することは自らの役割であるとの認識は一定の広がりを見せた。それを一過性のものとせず、継続的かつ統合的な政策としていくためにも、欧州のエネルギー政策の QMS を参考に、協働型の枠組みづくりが求められる。

＊1　EU は 2020 年の目標として 1990 年比で温室効果ガスの 20%削減、最終エネルギー消費に占める再エネ割合 20%（交通分野においては 10%）、エネルギー消費量の 20%削減を掲げ、各国ごとに目標を割り当てている。

＊2　各企業・国などが温室効果ガスを排出することのできる量を排出枠という形で定め、排出枠を超えて排出をしてしまったところが、排出枠より実際の排出量が少ないところから排出枠を買ってくることを可能にし、それによって削減したとみなすことができるようにする制度。京都議定書の第 17 条に規定されており、温室効果ガスの削減を補完する京都メカニズム（柔軟性措置）の一つ。EU では 2005 年から EU 加盟国の一定規模以上の CO_2 排出事業所を対象に実施されている。

＊3　気候保全対策の現状分析と今後取り組むべき課題を見える化するためのチェックシート。自治体は気候同盟への加盟時にクリマチェックを行い、現状を確認し、気候同盟からのコンサルティングを受ける。

＊4　2015 年 9 月 4 日のインタビューより。

＊5　モナコは国として参加している。

〈参考文献〉
・Climate Alliance, http://www.klimabuendnis.org/home.html
・e5 Austria, http://www.e5-gemeinden.at/
・Energiestadt, http://www.energiestadt.ch/
・European Energy Award, http://www.european-energy-award.org/
・The Climate Group（2017）「RE100 ANNUAL REPORT 2017」
・RE100, http://there100.org/
・WWF ジャパン（2017）「脱炭素社会に向けた長期シナリオ」
・滝川薫編著・村上敦・池田憲昭・田代かおる・近江まどか著（2012）『100%再生可能へ！欧州のエネルギー自立地域』学芸出版社
・豊田陽介（2016）「欧州における自治体エネルギー政策推進のためのクオリティ・マネジメント制度」『人間と環境』42（1）

ENERGY GOVERNANCE

6章
欧州の地域主体を支える
中間支援組織

平岡俊一

1　地域エネルギー政策における中間支援組織の必要性

　日本で地域エネルギー政策・事業（以下、地域エネルギー政策）を推進していく上で直面している課題の一つとして、「知的・人的基盤」の不足が挙げられる。具体的には、関連分野の社会・経済的動向などに関する専門的知見や事業遂行に関するノウハウ、ならびにそれらを有する人材・組織などのことである。これらは、身近に専門的な組織が少ない大都市圏以外の地域で不足する傾向が強い。知的・人的基盤の不足によって、例えば再生可能エネルギー事業において地域外企業に先行される要因になっている可能性がある。

　筆者は、地域エネルギー政策における知的・人的基盤の不足を補うものとして、同分野に関する専門性を有し、非営利・中立的な立場から地域の関係主体に対して支援を行う担い手＝「中間支援組織」の整備を図ることが不可欠であると考える。中間支援組織は、これまでも市民活動、NPO、まちづくりなどの分野で役割の重要性が指摘されている。吉田（2004）は「組織と組織とを媒介し、活動を支援する組織」と定義し、内閣府（2002）は「地域社会とNPOの変化やニーズを把握し、人材、資金、情報などの資源提供者とNPOの仲立ちをしたり、また、広義の意味では各種サービスの需要と供給をコーディネートする組織」としている。

　地域エネルギー政策の分野でも、再エネ事業の活発化に伴い、中間支援組織の必要性が指摘されるようになり（丸山（2014）、豊田（2016））、実際にそうした活動を視野に入れた組織も設立されている。しかし、まだ数は少なく、大半の地域では依然として中間支援の担い手が存在しない状況にある。

　一方、欧州では、後述するように、地域エネルギー政策において中間支援活動を担う組織の設置・体制整備が長年にわたり行われ、現在は各地で多様な組織・活動が見られる状況にある。

　本章と7章では、欧州ならびに日本の地域エネルギー政策における中間支援組織の活動事例を分析しながら、日本における取り組みの方向性や検討課題について考察していく。まず本章では、取り組みが先行している欧州での中間支援組織の全般的な動向と筆者がこれまで継続的に調査を行ってきたドイツ、オーストリアの組織の事例を中心に紹介した上で、欧州の中間支援組

織の体制整備と活動展開の特徴について明らかにしていく。

2 欧州における中間支援組織「エネルギー・エージェンシー」

　欧州では、地域エネルギー政策の中間支援活動を展開する組織を「エネル
ギー・エージェンシー」（以下、エージェンシー）と呼び、EU などが主導す
る形で、その活動を積極的に支援している[1]。欧州委員会（以下、EC）は、
エージェンシーは自治体や各種関係者の中間支援組織として、地域でのエネ
ルギー政策・事業の発展を支援する組織であり、持続可能な社会づくりに向
けた提言、地域のニーズを踏まえた情報・ノウハウなどの提供、各種サービ
スなどを行う組織、と位置づけている。2014 年時点で、EU 域内に 426 のエ
ージェンシーがあるとされている（European Commission（2014））。

　EU は、各国でのエージェンシーの設立を促すために、1991 年から各種の
支援政策を実施しており、2013 年までに 250 組織以上の設立に貢献したとさ
れる。支援政策の一つ、2003 年から 2013 年にかけて実施された「The
Intelligent Energy-Europe Programme」（以下、IEE）では、エージェンシーの
設立に対して直接的な財政支援（総額約 4,200 万ユーロ（約 54 億円））を行
い、その結果 79 組織が設立されている。

　EC は、エージェンシーの組織体制や活動の状況を把握するため定期的に
アンケート調査を実施しており、その結果をまとめた報告書を公開している
（European Commission's Executive Agency for Small and Medium-sized
Enterprises（2015））。以下では、最新の第 3 回調査報告書をもとに、欧州で
のエージェンシーの組織体制、活動について紹介していく。

2.1 エネルギー・エージェンシーの組織体制

　エージェンシーの活動範囲は、市町村などの基礎自治体（Local）レベルを
はじめとして、州や県などの広域的な地域（Regional、Provincial）レベル、
国（National）レベルなど多様である。第 3 回調査の対象組織[2]の活動レベ
ルを整理すると、基礎自治体レベルが 144 組織、州・県レベルが 158 組織、
国レベルが 62 組織となっている。

設立時期は、1990 年代が 38%、2003 ～ 08 年が 40%で、欧州では 20 年以上前から地域エネルギー政策での中間支援組織の整備が進められてきた。

　職員数については、1 ～ 3 人の組織が 35%、4 ～ 7 人が 30%となっており、多くの組織が 10 人以下という少人数の職員で活動を展開している。

　組織形態についてもいくつかのタイプが見られる。最も多いのは、非営利型の民間組織で、自治体から何らかの役割・任務などの位置づけが与えられているという組織で、回答組織の 43%を占めている。次に多いのは、NGO や財団、同業組織の連合組織などの完全な民間組織で 29%となっている。また、自治体の行政組織の一部門をエージェンシーと位置づけている例も少なくなく、21%を占めている。

　運営組織（理事会等）の参加主体を見ると（複数回答）、自治体が参加しているエージェンシーは 76%、NGO などの民間組織は 41%、産業関係者は 41%、エネルギー事業者は 41%、研究機関は 37%となっている。

　財源構成の平均（過去 3 年間）は、自治体または国からが 47%、EU からが 30%、技術的助言などの事業収入が 24%となっており、公的資金が多くの割合を占めている。

　以上から、欧州のエージェンシーの多くは、自治体の主導もしくは積極的な関与によって設立・運営されていることがわかる。

　なお、報告書では、エージェンシー自体の持続可能性を考える上では資金の確保が重要だが、これを単独の自治体のみに依存することにはリスクがあると指摘している。自治体の政治状況の変化によって支援を打ち切られ、組織が消滅あるいは活動が停止してしまったケースも少なくなく、2012 ～ 13 年には 42 組織がそのような状態になっているという（そのような事例は、特にイタリア、スペイン、イギリス、ギリシャなどで目立つ）。

　そのような事情を踏まえて、本報告書では、新しい事業を開発するための創造性とキャパシティの強化が重要であり、そのために職員の雇用を確保し事業を多様化させる必要性があると指摘している。

2.2　エネルギー・エージェンシーの活動

　エージェンシーの支援活動の対象について見ると、自治体が 100%、一般

市民が 98％ となっており、地元の自治体と市民を主なターゲットにしている。ほかには、産業関係（88％）、教育・研究機関（83％）、エネルギー事業者（77％）などが多くなっている。一方で、金融関係機関は約 10％ と少ない。

　次にエージェンシーの具体的な活動について見ていきたい。活動テーマとしては、「省エネ」「再エネ」「交通」が多い。重要と位置づけている活動内容（5 項目を列挙）として「自治体への助言」を挙げた組織が 82％ で最も多く、そのほかに、普及啓発（74％）、イベント・ワークショップ開催（74％）、建

表 1　本章で紹介する欧州のエネルギー・エージェンシーの概要

	気候保護エージェンシー・ハノーファー地域	気候保護エネルギーエージェンシー・ニーダーザクセン	エネルギー研究所・フォーアールベルク	エネルギー・チロル
設立年	2000 年	2014 年	1985 年	1992 年
活動範囲（人口規模）	ドイツ・ハノーファー市と周辺自治体（約 120 万人）	ドイツ・ニーダーザクセン州全域（約 780 万人）	オーストリア・フォーアールベルク州全域（約 38 万人）	オーストリア・チロル州全域（約 74 万人）
職員数	約 25 名	約 15 名	約 45 名	約 20 名
年間予算	約 210 万ユーロ	約 200 万ユーロ	約 430 万ユーロ	約 200 万ユーロ
主な資金提供（会員）団体	基礎自治体、自治体連合、交通事業者、エネルギー事業者、住宅供給事業者など	州	州、金融機関、エネルギー事業者、産業団体、NGO など	州、商工会議所、公益住宅建設組織、エネルギー事業者、労働者団体など
主な活動	・自治体の気候保護コンセプト策定・実施に対する支援 ・エネルギー対策に関する普及啓発活動 ・住民向けエネルギー・アドバイスサービス ・再エネ導入の適地に関する調査 ・中小企業向けエネルギー・アドバイスサービス	・州内の中間支援組織のネットワーク化 ・住民向けエネルギー・アドバイスサービスのシステム整備 ・公共施設でのエネルギー対策に関する助言、情報提供 ・基礎自治体の気候保護マネージャーのネットワーク化 ・行政職員、企業関係者向け研修 ・中小企業向けエネルギー・アドバイスサービス	・住民向けエネルギー・アドバイスサービス ・建築物の環境性能評価基準の作成、評価の実施 ・産業クラスターの形成、企業関係者向け研修 ・自治体の計画策定作業の市民参加のコーディネート ・e5 参加自治体への同伴（各種支援） ・行政職員向け研修、情報交換会 ・公共施設の新築・改築時の同伴	・住民向けエネルギー・アドバイスサービス ・社会人教育講座「エネルギーアカデミー」 ・自治体の計画策定、実施に対する支援 ・e5 参加自治体への同伴（各種支援） ・e5 プログラム参加自治体のネットワーク化 ・行政職員向け研修、情報交換会

（職員数、年間予算は調査当時の数値）

築物の省エネ改築の支援（67%）、地域のネットワーク形成（64%）、EUの
プロジェクト実施に関する支援（64%）、持続可能なエネルギー実行計画
（SEAP）・関連計画に関する支援や開発（63%）、学校での子ども向け教育
（55%）、などとなっている。

　以上から、欧州のエージェンシーはその活動も地元の自治体を念頭に置い
たものが多く、組織運営、活動実施の両面において自治体と密接な関係性を
有していることがわかる。

　次節以降、ドイツとオーストリアの四つのエージェンシーの活動について
具体的に見ていく（表1）。

3　ドイツの中間支援組織

　ニーダーザクセン州は、ドイツ北部に位置する、人口約780万人の地域で
ある。北は北海に面し、大部分が平野で占められている。同州は、反原発運
動が盛んで、州政府として原発反対を表明しており、2020年までに電力供給
に占める再エネの割合を80%に高める目標を持っている（田口（2015））。

　本節では、ニーダーザクセン州の二つの中間支援組織の事例を紹介する。
州都ハノーファー市とその周辺地域を活動範囲とする「気候保護エージェン
シー・ハノーファー地域」と、ニーダーザクセン州全体を活動範囲とする
「気候保護エネルギー・エージェンシー・ニーダーザクセン」である[3]。

3.1　気候保護エージェンシー・ハノーファー地域
─18地域の気候保護コンセプトの策定を支援

（1）組織概要

　「気候保護エージェンシー・ハノーファー地域（Klimaschutzagentur Region
Hannover）」（以下、KAハノーファー）は、ニーダーザクセン州の州都ハノ
ーファー市（人口約52万人）とその周辺自治体（21自治体、人口約120万
人）を対象として活動する組織である。

　市議会は1990年に脱原発を目指すことを決定しており、自治体として気

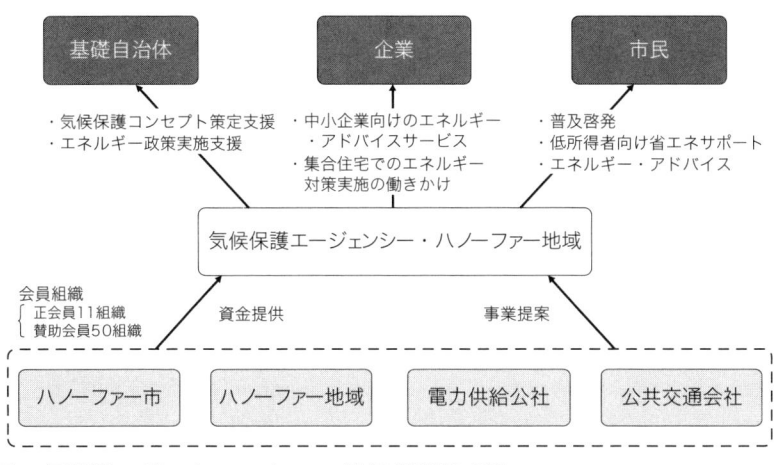

図1 気候保護エージェンシー・ハノーファー地域の組織体制、活動

候保護マスタープランを策定し、2050年までにエネルギー消費量を半減、CO₂排出量を95%削減することを目標として掲げ、気候保護・エネルギー政策を積極的に展開している（田口（2015））。

　KAハノーファーは、2000年に市の主導により設立された。年間予算は約210万ユーロ（約3億円）、職員は25名である（2016年9月時点）。出資比率は、ハノーファー市が約13%、ハノーファーを除くハノーファー地域（自治体連合）が約38%と、自治体の割合が50%を超えているが、これ以外に近距離公共交通会社、送電線管理会社、電力供給公社、風力発電開発会社、住宅供給会社など地域内のさまざまなエネルギー関連事業者など（11組織）が会員として資金を提供している（図1）。その他に、賛助会員として、約50の諸団体・企業が参加している。これらの会員組織からは、定期的にKAハノーファーの実施事業などに対して提案や意見を受けている。

(2) 活動概要

　KAハノーファーは、これまでに地域内の18自治体の気候保護コンセプト(計画)の策定に関わっている。都市計画や建築関係の専門家など3人によるチームを構成して、自治体の計画策定支援にあたっている。気候保護コンセプトを策定した自治体には、連邦政府と州によって3年間にわたり「気候保

護マネージャー」[*4]の雇用に対する財政支援が行われており、KA ハノーファーは気候保護マネージャーと連携しながら、コンセプトの実行過程にも関与している。

　KA ハノーファーは家庭部門の対策にも力を入れている。省エネ性能の高い製品の選択を啓発する資料の作成・配布、講演会を通じた情報発信を行い、さらに電話での無料相談を受けつけている。また、低所得家庭の省エネサポートも行っており、当該家庭を訪問してエネルギー利用に関してアドバイスするとともに、LED 電球、スイッチ付きコンセントなどの省エネグッズをプレゼント（最大 70 ユーロ分）する取り組みを実施している。戸建住宅向けのエネルギー・アドバイス事業も実施しており、研修を受けた約 40 名の外部専門家であるエネルギー・アドバイザー（以下、アドバイザー）を家庭に派遣して、主に給湯・暖房設備や住宅の断熱に関する診断とアドバイスを行っている。年間の診断件数は 1,500 〜 2,000 件に達している。さらに、企業向けの活動として、中小企業を対象にしたエネルギー・アドバイスサービス、集合住宅を所有する企業等に対して省エネ改修に関する働きかけなどを行っている。

　再エネに関しては、地域内の風力発電の設置および増設可能な場所の調査を行っている。また、風力発電建設の理解を得るための啓発活動やソーラーエネルギーの熱利用についても積極的に情報発信を行っている。

3.2　気候保護エネルギー・エージェンシー・ニーダーザクセン
―ローカルエージェンシーを補完する広域型支援組織

(1)　組織概要

　「気候保護エネルギー・エージェンシー・ニーダーザクセン（Klimaschutz- und Energieagentur Niedersachsen）」（以下、KEA ニーダーザクセン）は、2014 年にニーダーザクセン州の主導により設立された新しい組織である。年間予算は約 200 万ユーロ（約 3 億円）で、全額が州から提供された資金である。職員数は 15 名である（2016 年 9 月時点）。

　KEA ニーダーザクセンは、州全域をカバーするが、すべての地域で直接的な活動を実施しているわけではない。同州内には、先述した KA ハノーファ

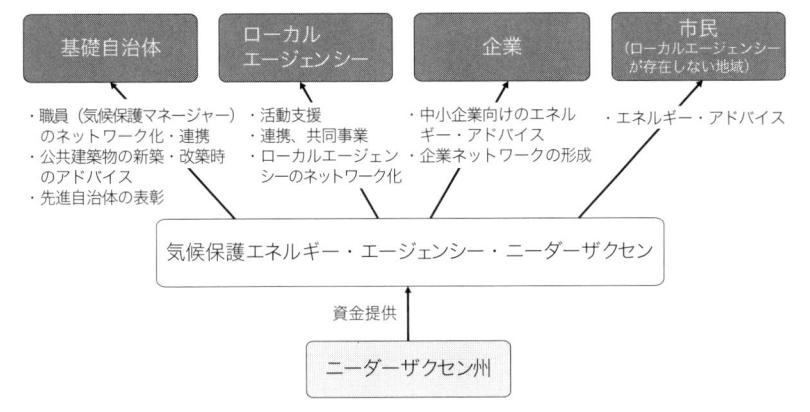

図2　気候保護エネルギー・エージェンシー・ニーダーザクセンの組織体制、活動

ーのように基礎自治体レベルのエージェンシー（以下、ローカルエージェンシー）が 15 組織あり、そうした地域では、同組織が事業を行っている。KEAニーダーザクセンはそうした州内のローカルエージェンシーと情報・ノウハウ交換を行うほか、小規模なエージェンシーに対して活動支援も行っている。さらに、州内のエージェンシーのネットワーク形成も進めており、市民向けの共同キャンペーンの開催、広報に関する共同指針の作成、各種資料の共有といった連携活動も展開している。つまり、KEA ニーダーザクセンは、ローカルエージェンシーの支援組織という性格を持つ。他方、エージェンシーがまだ設置されていない自治体に対しては、直接的な支援活動も展開しつつ、エージェンシーの設置を働きかけている（図2）。

（2）活動概要

　KEA ニーダーザクセンの具体的な活動内容としては、①住宅所有者、②自治体、③企業の 3 主体を対象とする支援活動を展開している。

　住宅所有者向けの診断およびアドバイス事業は、基本的にはローカルエージェンシーと連携し、それが存在しないところでは直接市町村と連携して事業を実施している。ウェブサイトを整備し、郵便番号を入力すれば近くのアドバイザー派遣の申し込み窓口が表示され、申し込むと無料の診断を受けられるシステムを構築している。診断テーマは、主に住宅断熱、給湯設備、太

陽エネルギー利用の可能性の三つで、初回の無料診断で可能性が示され、関心が高まれば以降は有料のサービスとして、アドバイザーが見積もり取得や施工確認などの同伴支援を行う。同組織が費用を支出したものだけで太陽エネルギー利用診断約 1,000 件、住宅や給湯の診断が約 2,000 件に達する。

　自治体に対する支援活動に関しては、まず対象となっているのは公共施設である。第 1 段階として運用改善による省エネの方法について、第 2 段階として設備投資・断熱改修による省エネについてのアドバイスを行う。改修には多額の資金が必要となるため、助成金リストを整備してウェブサイトに掲載し、さらに、同組織の職員が自治体を回って紹介するなどしている。

　州内ではすでに 55 の自治体が気候保護コンセプトを作成した上で気候保護マネージャーを雇用している。KEA ニーダーザクセンは、気候保護マネージャーのネットワーク会議を開催して、自治体間でのノウハウの共有を図っている。また、2 年に一度、先進自治体の表彰も行い、モチベーションを高めるとともに、優良事例の情報発信と面展開を図っている。

　企業対策は、主に中小企業を対象にした診断およびアドバイス事業を実施している。診断は専門のアドバイザーを派遣して 1 日をかけて実施している。また、企業のネットワークづくりも行っており、地域の企業の集まりに専門家を派遣して情報・意見の交換を行っている。

4　オーストリアの中間支援組織

　次に、オーストリアで活動するエージェンシーを紹介していく。ここで取り上げるのは、「エネルギー研究所フォーアールベルク」（フォーアールベルク州）と「エネルギー・チロル」（チロル州）である。

4.1　エネルギー研究所フォーアールベルク
　　──州内の多様な政策・事業を支えるシンクタンク

（1）組織概要
　「エネルギー研究所フォーアールベルク（Energieinstitut Vorarlberg）」（以

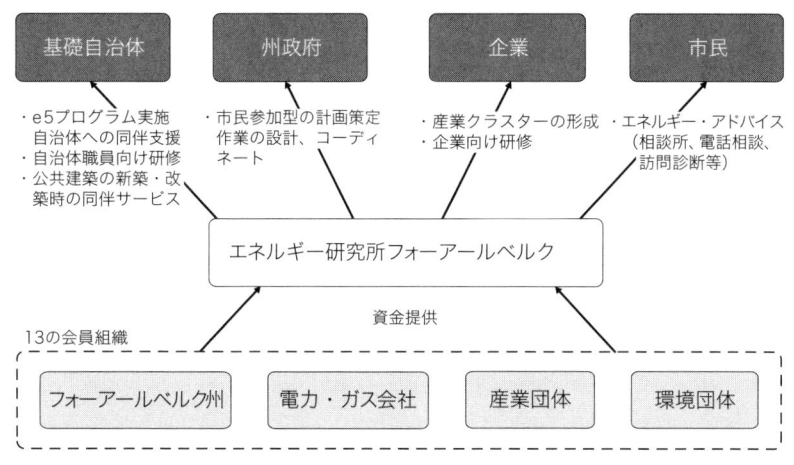

図3　エネルギー研究所フォーアールベルクの組織体制、活動

下、EI フォーアールベルク）は、2章で紹介したオーストリア・フォーアールベルク州内のドルンビルン市に拠点を置くシンクタンクである。フォーアールベルク州や電力・ガス事業者、銀行、農業・商業・工業等の産業団体、環境団体など13組織の出資により1985年に設立された。研究所の代表者は同州のエネルギー政策担当大臣が務めているが、組織自体は州政府から独立した民間非営利組織である（図3）。

　2014年の年間予算は約430万ユーロ（約6億円）である。そのうち、おおむね3分の2は州をはじめとした地域主体が提供した資金であり、残りはEUなどから獲得してきた外部資金を財源にしている。研究所内の組織体制は現在、「環境配慮型建築」「交通」「エネルギー」「コンサルティング」「コミュニティサービス」など8部門で構成されている。職員は約45名である（2015年9月時点）。

（2）活動概要

　EI フォーアールベルクの事業を大まかに整理すると、①住民・事業者へのエネルギー対策に関する情報提供・助言、②教育・人材育成、③自治体のエネルギー政策に対する支援、に分けられる。

　情報提供・助言については、同州では建築対策をエネルギー政策の重点分

野として位置づけていることから、それに関連する事業が中心となっている。例えば、住民を対象にしたエネルギー・アドバイスサービスとして、自治体の施設等を会場にした無料相談所の開設（約 90 カ所）、住民が電話で相談できるエネルギーテレホン、アドバイザーが住宅を直接訪問して実施する診断・助言（有料）などを行っている。なお、実際のアドバイスは EI フォーアールベルクによる研修を受けた外部のアドバイザーが担っている。

そのほかには、建物の環境性能評価基準（Ecological Building Ecopass）を作成し、これを用いた個別建物の評価を行っている。同州ではこの評価基準にもとづいて補助金・融資の額が設定されている。

教育・人材育成に関しては、エネルギー・アドバイスを行うアドバイザーに対する研修を定期的に行っているほか、自治体の関係者を対象にした研修を盛んに実施している（詳細は後述）。さらに、環境配慮型建築産業を活性化させるために、州内の各種関連事業者が参加した産業クラスターの形成にも力を入れており、参加事業者を対象にした研修を頻繁に実施している。

(3) 自治体に対する支援

EI フォーアールベルクでは、自治体に対する支援活動を重点分野として位置づけている。

フォーアールベルク州は、 2050 年までに再エネによるエネルギー自立を実現することを目標にした「ビジョン 2050 フォーアールベルク」（2 章 5 節参照）を 2009 年に策定している。同ビジョンの策定においては、州内の多数の利害関係者や市民などを巻き込んだ市民参加型の議論・検討が行われており（2007 〜 09 年）、EI フォーアールベルクは、一連の市民参加による作業の設計やコーディネートを担当している。

基礎自治体に対しても各種の支援活動を行っているが、特に自治体エネルギー政策のクオリティ・マネジメント・システム「e5 プログラム（e5-Programm)」に取り組む基礎自治体に対して支援を行っている。e5 プログラムは、5 章で詳しく紹介しているが、自治体によるエネルギー政策を促進するためにその実施・到達状況を評価、認証することを目的にオーストリア国内で実施されているシステムである。

EI フォーアールベルクは、e5 プログラムならびにヨーロピアン・エナジー・アワード（EEA、5 章参照）の開発段階から関与しており、現在は、同州内での e5 プログラム運営の事務局役を担っている。同州内では現在、全自治体の半数近くに及ぶ 41 自治体が e5 プログラムに取り組んでいる。同組織はそれらの自治体に自らの職員を世話役として送り込み、継続的な支援を行っている。

2015 年時点でフォーアールベルク州内では 7 自治体が最高ランク e5 の称号を獲得し、他州を圧倒しているが、EI フォーアールベルクによる支援活動の成果といえよう。支援活動の具体的な内容については、次節で取り上げる同国チロル州の「エネルギー・チロル」も同様の取り組みを行っており、後ほど詳しく紹介することにする。

その他に EI フォーアールベルクでは、自治体の関係者を対象にした教育・人材育成にも力を入れている。例えば、各自治体のエネルギー政策担当者を対象にした研修は、担当者側の要望を調査したうえで多様な講座を企画・実施し、さらに担当者間での意見・情報交換会なども頻繁に開催している。

同州内では公共建築のエネルギー対策も活発に展開されている。EI フォーアールベルクは新築・改築を行う自治体に対して、建築設計事務所などとの打ち合わせの際に自らの職員を同席させ、助言を行う取り組み（同伴サービス）を実施している。

4.2 エネルギー・チロル
─自治体のエネルギー政策プロセスへの同伴

（1）組織概要

チロル州はオーストリア西部に位置する、人口約 74 万人の地域である。州内の多くを急峻な山岳地帯が占めており、現在は観光業、機械製造業、木材産業などが盛んである。2015 年には前年よりも人口が 1 万人以上増加するなど、オーストリア国内でも高い人口増加率を見せている（Amt der Tiroler Landesregierung（2016））。

チロル州は、2014 年にエネルギー政策に関する総合的な計画「Tirol 2050

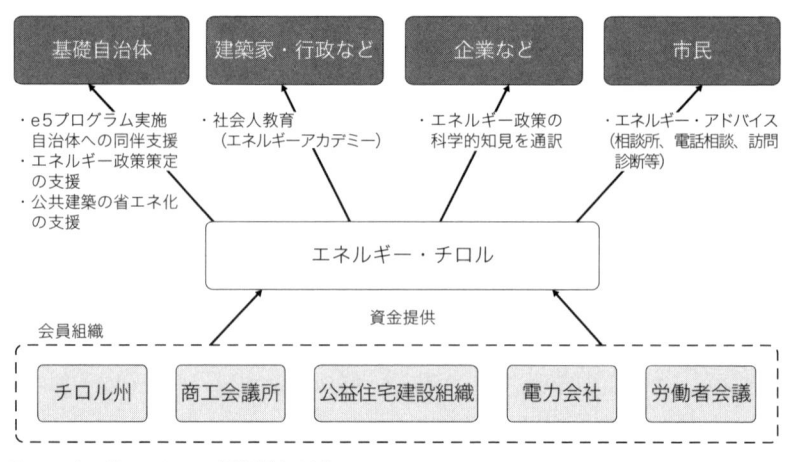

図4　エネルギー・チロルの組織体制、活動

energieautonom（チロル 2050 エネルギー自立）」を策定した。同計画では、2050 年までにエネルギー消費量を 50%削減、再エネの生産量を 30%増加させることでエネルギー自立を達成するという目標を掲げ、各種の取り組みを展開している。

　「エネルギー・チロル（Energie Tirol）」（以下、E チロル）は 1992 年に州の主導により設立された組織である。EI フォーアールベルクと同様、組織代表は州エネルギー政策担当大臣が務めているが、組織自体は州から独立した民間非営利組織となっている。

　組織の会員として、チロル州以外に、商工会議所、公益住宅建設組織、電力会社、労働者会議などの地域の組織が参加している。年間予算は約 200 万ユーロ（約 2.6 億円）であり、その財源は 80 万ユーロ（約 1 億円）が会員からの会費、残りが EU やチロル州などから獲得してきた外部資金となっている。職員数は約 20 名である（2016 年 9 月時点）。そのほかに、州内各地には 30 名ほどのフリーランスのアドバイザーがおり、住民向けのエネルギー・アドバイス事業等などを同組織と連携しながら展開している（図 4）。

（2）活動概要

　E チロルは、①住民向けエネルギー・アドバイスサービス、②社会人教育、

③科学的知見の通訳、④自治体支援、の四つの重点事業を展開している。

　社会人教育に関しては、州内の建築家や建物管理人、行政職員、企業関係者などエネルギー対策に関わる多様な人材を対象にした「エネルギーアカデミー」を開催している。

　科学的知見の通訳に関しては、エネルギー政策やその科学的な動向を把握し、研究成果などを現場で実装化していくことを促進するために、地域の主体向けに情報をわかりやすく翻訳して伝える取り組みを進めている。

　Eチロルが特に重視しているのが、自治体に対する支援である。州内の各自治体には少なくとも月に1回は職員が訪問し、情報提供や意見交換を行っている。具体的な活動は、エネルギー政策関連の計画等の策定・実施に対する支援、助成金獲得に関する助言、公共建築の省エネ化に関する支援など、多岐にわたっている。

　そして、Eチロルが自治体支援のなかで力を入れているのが、EIフォーアールベルクの項でも紹介したe5プログラムに取り組む自治体を対象にした支援活動である。チロル州内では、同州の基礎自治体数の約1割に相当する33自治体がe5プログラムに参加している。そのうちe5自治体の称号を獲得しているのは2017年2月時点で2自治体である。

4.3　E5プログラムを通した自治体エネルギー政策の支援

　以降では、EIフォーアールベルクとEチロルによる活動事例をもとに、e5プログラムに取り組む自治体に対する支援活動の内容を見ていきたい。

(1) e5プログラムの取り組みプロセス

　まず、e5プログラムに参加する自治体の取り組みプロセスを確認しておく。同プログラムへの参加を希望する自治体は、議会などにおいてe5に参加する旨を決議することが求められている。これは、同プログラムに参加し、エネルギー政策を積極的に推進していくことを、自治体全体で確認・共有することが重視されているためである。続いて、自治体内に同プログラムにもとづいてエネルギー政策を推進する主体となる「e5チーム」を設立する。同チームには、行政職員だけでなく、住民、NGO、企業関係者など、地域の多様

な主体が参加することが求められている。

　e5 チームでは、まず、自治体のエネルギー政策の進捗状況に関する現状評価を行う。評価作業の終了後、その結果にもとづき、1 年間のエネルギー政策に関する計画を策定した上で政策・事業を推進していく。1 年後、e5 チームにおいて再び評価を行い、次の期間の計画を策定、政策・事業を実施、というプロセスを繰り返していく。

　そして、少なくとも 3 年に 1 回、州外から来る外部監査員による認証評価が行われ、その自治体に与えられる e の数が決定される。

　e5 プログラムに参加する自治体は、フォーアールベルク州では人口によって違いがあるが平均で年 6,000 ユーロ（約 78 万円）、チロル州では平均年 2,000 ユーロ（約 26 万円）の参加費を支払っている。両州とも、それに加えて州が各自治体の参加費と同額の資金を拠出し、自治体の取り組みを支援している。チロル州では、この資金は主に E チロルによる自治体への支援活動の財源に充てられているとのことである。

(2) エネルギー・エージェンシーによる支援活動の内容

　次に、エージェンシーによる e5 プログラムに関連する自治体への支援活動の内容を見ていく（表 2）。エージェンシーからは、自治体の e5 チームに対して、継続的に支援活動を担当する世話役の職員を派遣している。なお、この世話役職員は複数の自治体を担当しており、E チロルの場合、職員 1 名が最大で 8 自治体を担当している。

　以降では、主に E チロルによる支援の内容を紹介するが、EI フォーアールベルクもほぼ同様の取り組みを実施している。

　世話役職員は、e5 チームの会議に基本的に毎回出席し、おおむね以下のような支援活動を行っている。まず、e5 チームによる自治体の現状評価、計画策定作業に関する支援を行う。評価にあたっては、「対策カタログ」というツールが準備されており、世話役職員はこのカタログを用いながら、e5 チームのメンバーとの間で質問と回答を重ねながら評価作業を進めていく。評価結果を受けて、e5 チームは計画を策定するが、その検討を行う会議において世話役職員は、議論のファシリテート、専門的情報のインプット、対策の提案、

表2 e5プログラムの取り組みプロセスとエネルギー・チロルによる支援活動の概要

自治体の取り組みプロセス	エネルギー・チロルによる支援
・議会等において e5 に取り組むことを決議	
・e5 チームの設立	・世話役職員を派遣 ・e5 チームの会議に毎回出席し、以下の支援を実施
・エネルギー政策の実施状況に関する自己評価の実施	・対策カタログの説明 ・政策実施状況に関する質問、回答の入力 ・評価結果の算出、説明
・エネルギー政策に関する年間計画の策定	・e5 チームでの議論のファシリテート ・専門情報のインプット ・政策の提案 ・議事録の作成
・エネルギー政策の実施	・質問や相談に対する助言 ・助成金情報の提供、申請作業の支援 ・専門家等の紹介、橋渡し ・自治体間の連絡調整 ・広報活動の支援 ・エネルギー消費量の把握
・エネルギー政策の実施状況に関する再評価の実施と計画の改正（毎年）	・1 回目の自己評価時と同様の支援
・外部監査員による認証評価(少なくとも 3 年に 1 回)で付与される e の数が決定	・外部監査員との連絡調整

議事録の作成などの作業を担当する。

　自治体によるエネルギー政策の実施過程において世話役職員は、自治体側からの相談に対する助言、国や州の助成金に関する情報提供や申請作業に関する支援、専門家や各種組織の紹介や橋渡し、複数の自治体間での連携が必要な場面での連絡調整、広報活動の支援、自治体内のエネルギー消費量の把握、などの取り組みを行っている。

　それ以外に両組織では、州内で e5 プログラムに参加している自治体間のネットワーク形成にも力を入れており、情報交換・交流会等を頻繁に開催している。また、各自治体の職員向けの研修会も、職種や担当分野などに応じた多様なプログラムを実施している。

　以上のように、EI フォーアールベルクと E チロルは、e5 プログラムをツールとして活用しながら、自治体のエネルギー政策の一連のプロセスに同伴し、きめ細かい支援を行っている。各自治体を担当するエージェンシーの職

員は基本的に固定され、長期間にわたり特定の自治体に関与する方針がとられている。こうしたことにより、エージェンシーと各自治体の間に信頼関係が醸成され、支援や連携を円滑に進めることができている。さらに、支援組織側が地域・自治体の実情を把握し、より的確な支援サービスを提供することにもつながっていると考えられる。

なお、オーストリア国内には、E チロルや EI フォーアールベルクのようなエネルギー政策に関するエージェンシーが多くの州に存在しており、e5 プログラムに取り組む自治体に対して同様の支援活動を展開している。それらの組織の設置は国の法律などで定められたものではなく、各州などの方針によって設置されている。そのため、エージェンシーの形態や規模は州によって多様である。

5 中間支援組織の機能

これまでに紹介したドイツとオーストリアの中間支援組織による活動は非常に多岐にわたっている。もちろん、両国のすべての地域・自治体に中間支援組織が整備されているわけではなく、両国とも主に州の方針によって同組織の整備状況には地域差が見られる。また、中間支援組織によって、活動の幅や活発さにも当然のことながら違いがある。

しかし、本章で取り上げた地域においては、中間支援組織の存在が特に基礎自治体の地域エネルギー政策の推進を全体的に底上げしていく役割を果た

表3　地域エネルギー政策における中間支援組織の機能

調査研究・提言機能	・関連分野の各種動向の把握、政策・事業案の作成、実現可能性の検討などに関する調査研究 ・自治体や地域の主体に対して政策・事業実施に関する提言・情報提供
助言・ノウハウ提供機能	・地域主体からの相談受付、助言・情報提供 ・地域主体による事業実施に対する直接的なノウハウの提供、作業の代行
ネットワーキング・コーディネート機能	・関連分野の人材・組織間の協力関係、ネットワークの形成 ・参加・協働型事業における主体間の調整や作業の進行管理 ・地域主体に対して他の専門性・資源等を有する人材・組織の紹介、仲介
教育機能	・関連分野の人材・組織等を対象にした各種の研修・教育活動

しa考えらえる。具体的に中間支援組織はどのような役割を担っているのか。ここまで述べてきた各組織の活動事例を踏まえると、中間支援組織が担っている機能について以下の4種類に整理することができる（表3）。

5.1　調査研究・提言機能

「調査研究・提言機能」は、関連分野の各種動向の把握・分析、政策・事業案の作成・提言を行う機能である。本章で紹介した中間支援組織による取り組みとしては、いずれの組織も実施している自治体による関連計画の策定作業に対する支援、KAハノーファーによる再エネ導入に関する調査、EIフォーアールベルクによるe5プログラムや建築物評価基準の開発、最優良事例集の作成、などが挙げられる。

5.2　助言・ノウハウ提供機能

「助言・ノウハウ提供機能」は、地域主体からの相談を受けて助言・情報提供を行ったり、直接的に政策・事業に関連するノウハウの提供や作業代行を行ったりする機能である。この機能に関連する活動としては、いずれの組織も実施しているエネルギー・アドバイスサービス、EIフォーアールベルクやEチロルによるe5プログラムに取り組む自治体に対する専門情報や対策案の提供、広報活動や助成金申請に関する支援、などの取り組みが挙げられる。

5.3　ネットワーキング・コーディネート機能

「ネットワーキング・コーディネート機能」は、関連分野に関係する人材や組織間を結びつけて協力関係、ネットワークを形成したり、地域内の複数の主体が関与する取り組みにおいて主体間の調整や作業の進行管理を行ったりする機能である。ネットワーキングに関連する活動としては、KEAニーダーザクセンによるローカルエージェンシーや気候保護マネージャーのネットワーク形成、EIフォーアールベルクによる地域内企業のクラスター形成、Eチロルによるe5プログラムに取り組む基礎自治体のネットワーク形成を目的にした情報交換・交流会の開催など、多数の取り組みが見られる。また、コーディネート機能に関しては、EIフォーアールベルクによる州のエネルギー

ビジョン策定時の市民参加型議論のコーディネート、同組織ならび E チロル
による e5 チームでの議論のファシリテート、自治体への専門人材の紹介・
橋渡し、などの取り組みが挙げられる。

5.4 教育機能

「教育機能」は、地域の関連分野に関係する人材・組織等を対象に、より高
度な知見・ノウハウなどを習得することを目的にした各種の研修・教育活動
を行い、人材・組織の育成・強化を図っていく機能である。これに関連する
活動は、自治体職員やアドバイザーをはじめとする各種人材を対象にした研
修会の開催など、いずれの中間支援組織も多数の取り組みを実施している。

6 中間支援組織を支える組織・ネットワーク

6.1 EU・国レベルの支援組織・ネットワーク

先述したように、欧州域内ではドイツ、オーストリア以外にも、地域レベ
ルで活動を展開している中間支援組織が多数存在している。EU や国のレベ
ルでは、こうした各地の中間支援組織を支援することや組織間の連携・ネッ
トワークを強化することを目的にした取り組みや組織も見られる。

その一つである「マネイジ・エナジー（ManagEnergy）」は、先述した EC
が実施する IEE の一環として 2002 年に開始されたプロジェクトである。同
プロジェクトでは、各地のエージェンシーのキャパシティ・ビルディング（能
力構築）、ネットワーク化を促進することを目的に、各種の情報提供、ワーク
ショップの開催、組織間の情報交換・交流イベントの開催などを行っている。
2017 年から新たなプロジェクト期間に入っているが、そのなかではエージェ
ンシー関係者向けの専門的な研修プログラムの実施を予定している[5]。

「ドイツ・エネルギー気候保護エージェンシー連盟（Bundesverband der
Energie- und Klimaschutzagenturen Deutschlands）」は、ドイツ国内の地域・
自治体レベルで活動するエージェンシーのネットワーク組織である。現在
39 組織が加盟しており、情報交換、ワークショップを通じた研修、連邦政府

等に対する政策提言などを行っている。

「オーストリア・エネルギー・エージェンシー（Österreichische Energieagentur）」（以下、AEA）は、同国政府の主導により 1977 年に設置された組織である。オーストリアでの気候保護・エネルギー政策推進のためのプロジェクト「クリマアクティブ（klimaaktive）」のマネジメント、企業のエネルギー対策のモニタリング、各種調査研究ならびに政策提言、途上国等でのエネルギー対策に関する支援など、多様な事業を展開しており、その一環として、国内の各州に設置されているエージェンシーのネットワーク形成を推進している。具体的には、年に数回、国内各地のエージェンシーならびに同組織未設置の州政府関係者が集まった会議を開催し、情報交換・交流を実施している。

また、オーストリアでは先述したように e5 プログラムが実施されているが、その運営主体として各州のエージェンシーがメンバーとなった組織「e5オーストリア」が設置されており、AEA は同組織の事務局を担っている。その一環として AEA は、e5 プログラムの制度運用の全体コーディネート、各州のエージェンシーと連携した制度改善の検討、国内での普及活動、ヨーロピアン・エナジー・アワード運営委員会への参加、自治体支援を担当する各エージェンシーの職員を対象にした教育などの取り組みを行っている。このように AEA は、主に e5 プログラムの運営を通じて、オーストリア各地の中間支援組織に対する支援、ネットワーク形成を推進する役割を担っている。

6.2 特定の主体に特化した支援組織・ネットワーク

これまでに紹介した中間支援組織は、特定の地域・自治体をベースに地域内の広範な主体に対して支援活動を展開している組織であった。欧州ではこのほかにも、特定の主体に対象を絞り、その活動の支援や組織間のネットワーク化を推進している組織が存在している。

例えば、「バーデン＝ヴュルテンベルク協同組合連合（Baden-Württembergischer Genossenschaftsverband e. V. ）」（以下、BW 組合連合）は、ドイツ南西部バーデン＝ヴュルテンベルク州（人口約 1,000 万人）内に存在する協同組合の連合組織であり、現在、約 900 の協同組合が加盟している。組合連合の主要業務は、加盟している各組合組織の監査（2 年に 1 回）であるが、それ加え

て各組合に対する支援活動も展開している。

　バーデン＝ヴュルテンベルク州内でエネルギー事業を行っている（エネルギー協同組合）は約 150 組織になる。これらの協同組合に対して BW 組合連合は、組織の設立にあたっての助言・情報提供のほか、地区ごとでの組織運営やエネルギー事業推進に関する研修会、各組合関係者が参加した情報交換会の開催などを行っている。また、連邦政府などのエネルギー関連政策の動向を把握して各組合に情報提供を行ったり、政府への提言を実施したりもしている。

　「気候同盟（英語：Climate Alliance、ドイツ語：Klimabundnis）」は、気候保護政策とアマゾンの熱帯雨林保全に関心を有する自治体のネットワーク組織である。欧州域内 26 カ国の約 1,700 自治体が参加しており、気候保護分野では欧州最大の自治体ネットワーク組織となっている。特に参加自治体が多い 6 カ国には国別の事務局組織が置かれている。

　「気候同盟オーストリア」はそうした国別組織の一つである。オーストリアは国別では最も参加自治体数が多い国となっており、国内の全自治体（約 2,200）の 4 割以上にあたる 960 自治体が参加している（2017 年 9 月時点）。同組織は、ウィーンにあるコーディネート事務局のほか、八つの州に支部が置かれており、それぞれに各種専門性を有する職員が配置されている（計 66 名の職員が勤務）。

　気候同盟オーストリアでは、各支部が窓口になる形で会員自治体とコミュニケーションをとりながら、気候保護・エネルギー政策に関する支援活動を展開している。気候同盟は自治体の関連政策に関する現状や課題を明らかにするための評価システム「クリマチェック」を開発しており、これを使用した会員自治体の評価診断やそれを踏まえた具体的政策・事業に関する助言・提案のほか、自治体が学習会を開催する際の講師の派遣や紹介、イベントの共同開催、自治体と企業、学校等とのネットワーク形成などを実施している。

7　中間支援組織の体制、活動の特徴

　本章のまとめとして、欧州における中間支援組織の体制や活動の特徴につ

いて整理しておく。

7.1 多様な地域主体の参加

KAハノーファー、EIフォーアールベルク、Eチロルでは、地域内の自治体、エネルギー事業者、住宅供給事業者、NGOなど、地域エネルギー政策に関係する多数の主体が会員などとして組織の運営に参加し、資金提供を行うなどしている。このことは、地域においてエネルギー政策を推進していく上で中間支援組織が必要な存在であるという認識が社会で広く共有されていることを示している。先述したようにECの調査報告書では、中間支援組織の独立性、持続可能性を確保する上で自治体のみに依存することのリスクが指摘されているが、それにあわせて、中間支援組織などの運営組織に地域の多様な主体を巻き込むことの必要性も述べられている。上記3組織はそうした取り組みを実践している事例である。

また、中間支援組織や自治体にとって、地域の主体を会員として巻き込むことは、それらの主体に地域エネルギー政策に対する当事者意識を植えつけ、協力を得やすくするという利点もある。

7.2 重層的な支援体制の構築

ドイツ・ニーダーザクセン州では、KAハノーファーとKEAニーダーザクセンのように異なる地域レベルを活動範囲とするエージェンシーが複数存在している（図5）。KAハノーファーは、（複数だが）基礎自治体を活動範囲とした地域密着型の中間支援組織として、地域内の住民や自治体を対象にした直接的な支援活動を展開している。KEAニーダーザクセンは、州全体を活動範囲とした広域型の中間支援組織として、同組織が未設置の地域では直接的な活動も行いつつ、州内の地域密着型中間支援組織の支援、ネットワーク形成を推進する役割を担っている。

このようにニーダーザクセン州では、地域エネルギー政策において重層的な支援体制が構築されている。KAハノーファーは、大規模な都市に基盤を置いていることもあり、同州内の中間支援組織の中では組織規模が大きく、かつ活動の歴史が最も長くノウハウも蓄積しているため、単独でも活動を展

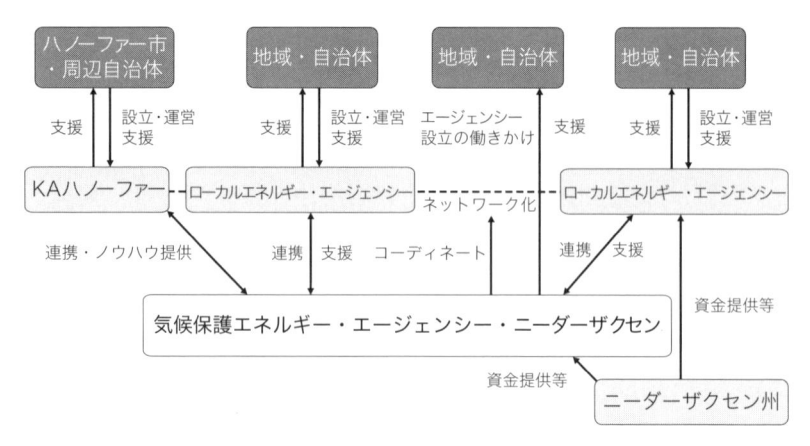

図5　ニーダーザクセン州内での中間支援活動の推進体制

開できる状況にある。しかし、その他の同組織の多くは規模が小さく組織基盤が脆弱なため、単独で実施できる活動は限定されている。そのため小規模な中間支援組織を支援する体制を広域的な地域レベルで整備していくことは、地域における知的・人的基盤の強化を進める上で重要である。

　なお、筆者らがインタビューをした同州内のエージェンシーの職員によると、こうした中間支援組織の整備状況は、ドイツの場合、州の方針によって違いが見られるとのことである。ニーダーザクセン州は、同州が中間支援組織の設立に対して財政支援を行うなど、熱心な姿勢を有しているため、同組織の整備はドイツ国内でも比較的進んでいる状況にある。

　これに加えてドイツ、オーストリアには、ドイツ・エネルギー気候保護エージェンシー連盟やオーストリア・エネルギー・エージェンシーなどのように国レベルにも地域の中間支援組織を支援する組織のほか、気候同盟などのような特定の主体を対象にした中間支援組織も存在している。さらに、EUレベルではマネイジ・エナジーのように地域の中間支援組織を支援するプロジェクトが展開されている。このように欧州では、地域エネルギー政策を促進するために何層にもわたる分厚い支援体制が構築されている。

7.3　自治体政策への積極的関与

　本章で取り上げた中間支援組織の活動面での特徴としては、自治体の関連

計画の策定や政策の実施・評価等に関する作業の支援、職員を対象にした研修の実施など、自治体によるエネルギー政策に積極的に関与し、支援活動を展開している点を挙げることができる。2節で述べたが、EC の調査報告書においても、アンケートに回答したすべてのエージェンシーが自治体を支援活動の対象の一つとして位置づけ、大半の組織が実際に助言などの取り組みを行っていることが紹介されている。これらのことから、欧州の中間支援組織では、自治体のエネルギー政策推進に対する支援活動が重点分野として明確に位置づけられている。

特にオーストリアの中間支援組織は、e5 プログラムに取り組む自治体を対象に、一連のプロセスに同伴し、きめ細かい支援を行っている。筆者らがこれまで調査を実施してきたドイツ、オーストリアの基礎自治体では、エネルギー政策の担当職員は異動のない専門職である場合が多いが、その職員数はおおむね少数であり、人口数千～数百人程度の小規模な自治体では 1 名の職員でほかの政策と兼務しながら対応していることがほとんどであった。そうした自治体では、行政職員のみの力で対応できることは限られるため、自治体の同伴役として、継続的に一連の政策プロセスに寄り添い、ニーズを見つけ適切な支援を行う地域密着型の中間支援組織の存在は、自治体にとっては大きな支えになっている。

7.4 ネットワーク形成、コーディネーター役の重視

本章で取り上げた事例では、地域内でのエネルギー政策に関するネットワーク形成に非常に力を入れていた。さらに、自治体と専門人材の間の橋渡しや市民参加型の議論におけるファシリテートなど、異なる主体の間に立ったコーディネーターとしての役割を担う活動も盛んに行われている。

特に小規模な地域・自治体では、地域エネルギー政策に関係する主体が有するノウハウや人材などの資源は限定されるため、複数の主体間で不足している資源を補完しあいながら事業を展開することが重要になる。よって、地域内でのネットワークの形成は、地域協働型のエネルギー政策を促進する社会基盤を強化する上で欠かせない。加えて、そうした協働型の政策の現場では、作業をスムーズに進めるために、さまざまな主体の間に入り連絡調整を

行ったり、作業の進行役などを担ったりする存在も不可欠である。

　欧州においては、このような地域内でのネットワーク形成、主体間の連携を促進するコーディネーター役の重要性に対する認識がかなり浸透し、それが中間支援組織の重要な活動分野と位置づけられ、具体的な取り組みが活発に展開されている。

本稿は、以下の既出論文の内容に大幅な追加、編集を加える形で執筆した。
・平岡俊一（2016）「エネルギー研究所・フォーアールベルク：地域エネルギー政策・事業を支える知的基盤」『人間と環境』42（1）
・平岡俊一（2016）「地域再生可能エネルギー事業における中間支援組織の活動と機能」『環境情報科学学術研究論文集』30
・平岡俊一（2017）「エネルギー・チロルによるオーストリア・チロル州での中間支援活動：自治体エネルギー政策に対する支援を中心に」『人間と環境』43（2）
・平岡俊一・木原浩貴・的場信敬・豊田陽介（2017）「欧州の地域エネルギー政策・事業を支える中間支援組織：ドイツ、オーストリアにおける関連組織の体制構築、活動展開を中心に」『社会科学研究年報』（47）

＊1　なお、個別の組織名称は、本稿で紹介している組織の名称からもわかる通り、エネルギー・エージェンシーで統一されているわけではなく、組織によって異なっている。
＊2　306 組織に調査票を送付。回答率 36％。
＊3　両組織の詳細については木原（2017）を参照いただきたい。
＊4　自治体の気候保護・エネルギー政策を担当する専門職員。自治体によって担当する業務は、都市計画、エネルギー、教育、市民参加などさまざまである。ドイツでは、連邦と州による財政支援は 3 年間で終了するが、その後、独自の予算で雇用を継続する自治体も少なくない。
＊5　European Commission "ManagEnergy" https://ec. europa. eu/easme/en/managenergy

〈参考文献〉
・Amt der Tiroler Landesregierung （2016）Demographische Daten Tirol 2015
・European Commission（2014）ManagEnergy: Directory of Energy Agencies
・European Commission's Executive Agency for Small and Medium-sized Enterprises（2015）Energy Agencies in Europe: Results and Perspectives
・木原浩貴（2017）「エネルギー／気候保護エージェンシーの役割：ニーダーザクセン州における事例から」『人間と環境』43（2）
・田口理穂（2015）『なぜドイツではエネルギーシフトが進むのか』学芸出版社
・地球温暖化防止全国ネット（2016）『全国の地域地球温暖化防止活動推進センター活動集』
・豊田陽介（2016）「市民・地域主体による再生可能エネルギー普及の取り組み：『市民・地域共同発電所』の動向と展望」『サスティナビリティ研究』6
・内閣府大臣官房市民活動促進課（2002）『平成 13 年度 中間支援組織の現状と課題に関する調査』
・丸山康司（2014）『再生可能エネルギーの社会化：社会的受容性から問いなおす』有斐閣
・吉田忠彦（2004）「NPO 中間支援組織の類型と課題」『龍谷大学経営学論集』44（2）

ENERGY GOVERNANCE

7章
日本での中間支援の推進

平岡俊一

1 日本における中間支援組織の事例

前章では欧州の地域エネルギー政策における中間支援組織について紹介したが、日本ではどのような状況にあるのか。本章では、日本の中間支援組織の先行事例を紹介した上で、前章で整理した欧州の事例などから得られた知見も踏まえながら、日本における中間支援組織の課題について考えていく。

日本では、近年まで地域エネルギー政策における中間支援活動やそれに関連する組織をテーマにした調査研究がほとんど行われてこなかったため、それらの現状や課題もほとんど把握されていない状況にある。筆者らが行ってきた調査や関係者との情報交換の範囲内では、特に自治体関係者の間で中間支援組織の話題があがることは非常に少なく、残念ながらこれまで日本では同組織に対する関心はあまり高くなかったといえる。

しかし、近年の再生可能エネルギー政策・事業の活性化に伴い、先行的に取り組みを進めてきた自治体や事業組織などの間で中間支援組織の必要性が

表1　本章で紹介する日本の中間支援組織の概要

	活動範囲	支援の対象	主な活動
北海道再生可能エネルギー振興機構	北海道内	自治体、企業、市民など	・自治体、企業等からの相談窓口の設置 ・会員自治体の再エネ政策・事業の支援 ・シンポジウム、セミナー等の開催 ・再エネ政策や補助金等に関する情報提供 ・自治体の再エネ政策に関する調査・研究 ・自治体職員向け研修プログラムの企画・実施
下川町ふるさと開発振興公社クラスター推進部	北海道下川町内	町役場、民間事業者、住民、地域組織など	・町のエネルギー政策立案・実行時の基礎的データ把握、実現可能性の検討に関する調査 ・地域づくり団体の支援、事務局役 ・地産材を活用した省エネ住宅普及事業のコーディネート ・再エネ導入に関する住民向け学習会の開催 ・住民参加型太陽光発電事業のスキームの検討・試行
徳島地域エネルギー	徳島県内（バイオマス関連では全国）	自治体、NPO、民間事業者など	・太陽光発電事業（コミュニティ・ハッピーソーラー）スキームの構築・提案、実施地域に対するノウハウ提供等の支援 ・小水力発電事業の導入可能性等の調査 ・民間事業等によるバイオマスボイラー導入への支援 ・バイオマスラボの開設（事業実施に関する研修、実験等）

徐々に認識されるようになり、国内でもまだ少数ではあるが、地域密着型の中間支援組織が見られるようになってきた。本節では、地域密着型の組織に絞る形で、そうした日本の中間支援組織のいくつかを紹介したい（表1）。

1.1 北海道再生可能エネルギー振興機構
― 120 主体が立ち上げたネットワーク組織

（1）組織概要

「一般社団法人北海道再生可能エネルギー振興機構」（以下、北海道再エネ機構）は 2012 年に設立された。設立趣意書には「北海道における再生可能エネルギーの導入拡大をトータルにコーディネートし、その計画的かつ着実な推進をサポートしていく、そうした役割を担う機関の設置が求められています。私たちは、こうした要請に応え、『北海道再生可能エネルギー振興機構』を設立します」と明記されており、中間支援活動を強く意識した組織であるといえる。

　北海道再エネ機構の役員には、道内で再エネ事業に取り組む NPO や企業の関係者、研究者、自治体の首長、農業協同組合の理事長などが名を連ねている。会員数は約 120 団体・個人だが、そのうちの 76 団体は道内の市町村が占めている（賛助会員を含む）。道内に 179 ある市町村の一定数が参加していることから、北海道再エネ機構は、再エネ政策に関心のある自治体のネットワーク組織という性格も持ち合わせている。

　このように多くの自治体が参加している背景には、組織設立時の呼びかけ人に道内の自治体の首長や元道知事などが名前を連ねていたことがあったようだが、あわせて FIT 導入などにより再エネへの注目が高まるなかで、地域資源を有効活用する再エネが地域活性化につながらないかと考えた自治体が少なくなかったと推測される。

　現在、北海道再エネ機構の事務所は札幌市内にあり、常勤職員 1 名、非常勤職員 3 名の体制で事業を展開している。事業内容は、①情報プラットフォーム、②普及啓発、③人材育成、④会員の再エネ事業促進、となっており、主な財源は会費のほか、国からの委託事業収入、補助金などである（図1）。

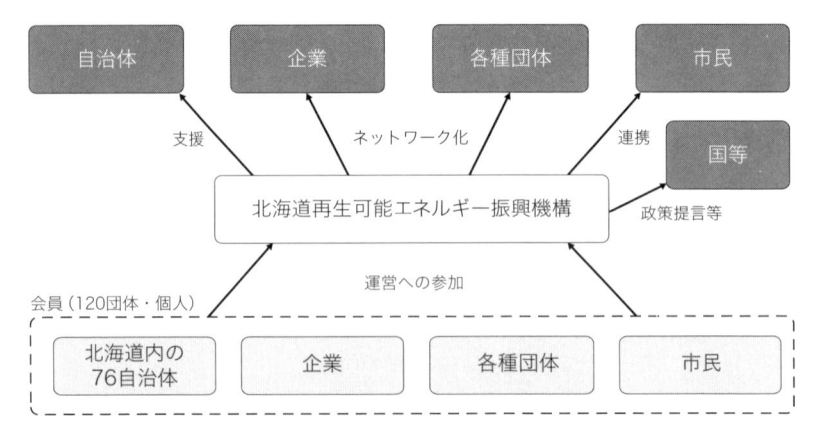

図1 北海道再生可能エネルギー振興機構の組織体制、活動

(2) 活動概要

1) 相談・助言

　北海道再エネ機構では設立時から、再エネ事業に関する相談窓口として道内の自治体や企業からの相談・問い合わせなどへの助言を行ってきた。2016年からはさらに国（資源エネルギー庁）が実施する「再エネコンシェルジュ」サービスの北海道での運営主体となり、再エネ事業に関する個別相談会を札幌市で定期的に開催するほか、道内各地に出向き出張相談会を開催している。相談会では、地域の各主体からの相談を受け付け、国の補助金等の支援制度や必要な許認可をはじめとする各種情報の紹介、助言を行っている。

　また、道内の自治体が再エネ政策・事業を実施する際の助言やノウハウの提供など直接的な支援活動も行っている。現在は、会員自治体が実施している再エネ政策関連の計画・ビジョンの策定ならびに地熱利用に関する事業検討作業において基礎調査や作業コーディネートなどの支援を行っている。

2) 普及啓発・情報提供

　普及啓発事業として、各種の再エネ政策・事業をテーマにしたシンポジウムやセミナー等を道内で積極的に開催している。これらの事業は、北海道再エネ機構が主催するものだけでなく、道内の自治体やNPOなどとの共催で開催する企画も少なくない。また、会員に対して月に数回メールニュースを

配信しており、再エネに関する国の政策や各種動向、補助金情報などの情報を提供している。

3）調査研究

道内での再エネ政策・事業の動向などを把握することを目的にした調査研究事業も行っている。例えば 2014 年には、道内の自治体を対象に再エネ導入の意向に関するアンケート調査を実施し、結果を公表している（吉田ほか（2015））。また、国などがパブリックコメントを実施する機会には、調査研究などの結果を踏まえた意見表明や政策提言を行っている。

4）人材育成

特に道内の自治体職員を対象にした人材育成事業に力を入れており、2016年度には、小水力発電事業をテーマにした自治体職員対象の研修プログラムを企画、実施している。

（3）地域ネットワーク型の中間支援組織

北海道再エネ機構の体制・活動は、地域内の自治体が会員として多数参加し、自治体を対象にした支援活動を積極的に展開している、といった特徴がある。同組織の設立や運営には北海道庁の関与は特になく、あくまでも先述の役員をはじめとする関係者が中心となり自主的に立ち上げた中間支援組織である。地域内の複数の自治体が NPO や企業などの民間主体と連携してネットワーク組織を形成し、相互に支えあいながら再エネ事業を展開する動きは、日本の今後の中間支援組織の整備を考える上で一つの選択肢を示すものと考えられる。

1.2　下川町ふるさと開発振興公社クラスター推進部
―地域づくり事業のノウハウを地元に蓄積する

（1）組織概要

「一般財団法人下川町ふるさと開発振興公社クラスター推進部」（以下、下川町クラスター推進部）は、2 章で紹介した北海道下川町に拠点を置く組織である。住民有志の参加のもと、現在の同町での地域づくりの基礎にもなって

いる地域活性化策について議論を行った「下川町産業クラスター研究会」（1998年設立）が母体となり、事業を具体化する際の支援組織として、2002年に町の外郭団体である「一般財団法人下川町ふるさと開発振興公社」内に設置された組織である。

　2017年6月現在、4名の職員が勤務している。主な財源は町から毎年支出される交付金、残りは町や国などの公的セクターからの委託事業などによる収入などとなっている。

(2) 活動概要

　下川町クラスター推進部のウェブサイトには、同組織について「下川産業クラスター研究会の4年間の活動を受け、下川町の産業クラスターの新たな展開や新たな産業の創造等を目指しています。(中略)事業化につながるアイデア発掘から研究開発、地域産品の開発支援と販売促進、地域活性化に関する調査・研究など総合的な支援と事業を行い地域産業の振興を目的」[1]にしていると記載されている。こうした設立経緯からもわかる通り、下川町クラスター推進部は、エネルギー分野だけにとどまらず、下川町で展開されている地域づくりに関連する取り組み全般、具体的には農林業、建築業、環境保全活動、住民活動、社会教育活動など、多岐にわたる分野を対象に支援活動を行っている。

　地域の産業振興に関連する支援活動の具体例としては、これまでに、FSC森林認証材を使用した割箸の普及事業（パッケージデザイン更新の支援）、町内の建設業者の農業参入可能性調査と支援、下川産小麦や牛乳などの農産品を活用した商品開発の支援などに取り組んできた。人材育成や住民活動に関連する分野では、地域学「しもかわ学会」の設立と事務局役、町内の地域づくり団体の活動への支援、文化イベント（カルチャーウィークしもかわ、バイオディーゼル燃料を使用したコンサート）の開催、地域活性化を図るための町内外のネットワーク構築に向けた支援などに取り組んできた。

　近年は、移住者による起業活動、高齢者などの買い物弱者対策、空き家対策など地域課題の解決を目的とした活動なども行っている。

　起業支援に関しては、下川町に移住してきた若者グループが取り組む起業

活動に対して補助金制度の紹介や申請作業の支援、専門家の紹介・橋渡しなどの取り組みを行っている。

　買い物弱者対策に関しては、移動販売車（シモカワゴン）を活用した出張店舗運営の実験・検討作業のコーディネートを行い、その後の事業化につなげている。なお、この移動販売車については、2章で紹介した下川町在住の地域おこし協力隊の元隊員や現役隊員などによって構成されている「NPO法人地域おこし協力隊」が主体となり運営している。

　空き家対策に関しては、近年同町内では空き家が増えている一方で、町外からの移住者が増えて住宅の確保が課題となっていることを踏まえて、空き家の改修や賃貸・売買の仲介を行う総合窓口機能について調査研究しており、今後当面は下川町クラスター推進部がその運営主体を担う枠組で事業化を進めている。

(3) 地域エネルギー政策での支援事業

　地域エネルギー政策においては、主に町役場が策定した環境モデル都市ならびに環境未来都市の行動計画の具現化に向けた調査研究を行う役割を下川町クラスター推進部が担ってきた。例えば、地域内の森林バイオマス資源の賦存量調査や事業化に関する検討調査、2章で紹介した五味温泉をはじめとする公共施設への木質バイオマスボイラー導入時の設計、森林吸収量を活用した地域経営に関する政策研究会の取り組み支援、J-VER制度（カーボンオフセット）の活用と普及に関する支援、エコポイント事業の検討などの取り組みを行っている。

　近年の活動としては、下川町の地産材を活用した省エネ住宅普及を目的にした「森とイエ」プロジェクトの支援を行っている。同プロジェクトは、環境省の委託事業として行われたもので、地元工務店のグループ「下川ECOな家づくり研究会」や札幌の建築家、道内の研究機関と連携し、地域産の木材を使い、省エネ性能が高くかつデザイン性が高い住宅の普及を目的に、環境性能や資源利用に関する設計基準の設定、事業展開の担い手となる地域人材の育成、市民向けの家づくり講座の開催、相談窓口ならびにサポート体制の整備などを行っている。下川町クラスター推進部は、同プロジェクトの事

「森とイエ」プロジェクトで建設された町内の住宅（上・下とも）
（上の写真提供：仲埜公平氏）

務局として参加主体間の連絡調整などのコーディネーター役を担っている。

　また、2015年度からは、町内の住民による再エネ導入や省エネ実践に関する情報提供、助言、人材育成等を総合的に行う「北海道の豊かな暮らしコンシェルジュ」機能の構築に着手している。省エネアドバイザーの育成や市民共同発電事業の研究などを目的にした住民向けの学習会の開催、省エネ家電（冷蔵庫）買い替え促進策のスキームの検討、戸建住宅に地域熱供給を行う際の費用対効果の研究などを行っている。同事業においても下川町クラスター推進部は事務局役を担っている。

(4) 持続可能な地域づくりを支えるローカルシンクタンク

　すでに述べたように、下川町は森林資源を軸にした地域づくりを多方面で

活発に展開しているが、下川町クラスター推進部はその各種政策・事業の多くに何らかの形で関与し、支援活動を行っている。同組織は下川町における持続可能な地域づくりを支えるローカルシンクタンクとして重要な役割を担っているが、人口3,000人台の小規模自治体がこのような専門的な組織を有する例は、日本国内では非常に珍しい。

　下川町がこうした専門組織を有している背景には、持続可能な地域づくりを推進していく上で関連する各種の知見やノウハウを地域内に蓄積させることが不可欠であるという方針を、町役場や地域づくりに関係する町内の組織が共有しているからである。ほかの多くの自治体のように、政策・事業実施にあたっての調査研究を地域外のコンサルタントに丸投げしてしまっては、政策・事業が終了した後に地域には何も残らない。そこで下川町では知見・ノウハウを地域内に蓄積させる受け皿として下川町クラスター推進部を位置づけている。

　そのため町役場は、基本的に部署を問わず調査研究などを下川町クラスター推進部に委託しており、専門性などの問題から町外のコンサルタントに委託する必要があっても、できるだけ下川町クラスター推進部が何らかの形で関与する形態をとっている。

1.3　徳島地域エネルギー
─再生可能エネルギー事業のスキーム構築と共有

（1）組織概要
　「一般社団法人徳島地域エネルギー」は、徳島小水力活用推進協議会ならびに徳島再生可能エネルギー協議会が母体となり2012年に設立された。再エネを社会へ普及させるコーディネートなどを担うことを目的している。徳島県内の企業経営者、市民活動関係者などのメンバーで構成され、現在10名の職員が活動している（2016年4月時点。関連組織職員も含む）。主な財源は、以下で述べる再エネ導入事業に対する支援や設置後の設備管理などに関わる収入のほか、国などの公的機関からの補助金、委託事業収入などである。

(2) 活動概要

　まず、太陽光発電導入を対象にした支援事業を紹介する。2012年に県内の民間企業、市民団体などの連携によって導入された「美馬ソーラーバレイ」（1,189kW）は、徳島再生可能エネルギー協議会での検討から生まれた太陽光発電所であるが、その建設費の一部（2,450万円）は私募債（一口50万円、49口）として市民から資金を募った。徳島地域エネルギーは事業スキーム構築時の支援役を担っている。

　そこで得られたノウハウをもとに実施された取り組みが、地域活性化と市民参加を視野に入れた太陽光発電導入事業「コミュニティ・ハッピーソーラー」（以下、ハッピーソーラー）のスキーム構築と実施支援である。ハッピーソーラーは、太陽光発電の設置費の一定割合（約1割）を寄付金で集め、残額を地元金融機関からの融資を原資に設置し、発電開始の1年後から、寄付者に対してお礼として地元調達の特産物を年1回ずつ数回に分けて送る、というしくみになっている。

　徳島地域エネルギーは、ハッピーソーラーの実施を県内各地の組織などに提案し、着手する主体に対して事業ノウハウの提供、寄付募集時の広報窓口の代行、設置後の発電設備の管理などの支援を行っている。2016年4月時点で、県内に10基のハッピーソーラーが設置されている（合計1.5MW）が、それぞれの発電所の導入の主体は、商工会議所、NPO、コミュニティビジネスを展開する民間事業者など多様である。

コミュニティ・ハッピーソーラー「佐那河内みつばちソーラー」発電所

　同県佐那河内村に設置された1号基（100kW）の場合、280口（一口1万円）の寄付金を募集し、寄付者に対しては同村の農産物などをお礼として送っている。また、村内の関係者による運営協議会を設立し、売電収入の使途を

検討しており、今後、環境基金の設置など同村の地域づくりに活用される予定である。

そのほか、民間事業者や個人による太陽光発電設備導入時の助言、作業代行、設備の管理などの取り組みも行っている。

バイオマスラボの内部

　徳島地域エネルギーは、太陽光発電以外に小水力発電、風力発電、バイオマスの利活用に関連する支援事業も活発に展開している。例えば、佐那河内村役場が村内に小水力発電を導入した際（2015年9月）には、実現可能性に関する調査、導入設備検討時の助言などを行っている。また、風力発電に関しては、現在、市民出資型の発電設備導入に向けた調査・検討を進めているところだ。木質バイオマスの利活用に関しては、組織設立の初期段階から事業所、病院などへのバイオマスボイラー導入の支援を行っており、2016年4月にはそうした普及活動の拠点として、佐那河内村内に「バイオマスラボ」を開設している。同施設には、バイオマスボイラーなどの関連設備が置かれ、木質バイオマスに関する研修や利活用に関する実験が行われている。また、この施設を拠点に、今後はバイオマスエネルギー利用の推進をほかの地域と連携して推進していくための体制「バイオマス・アライアンス」の構築に向けた取り組みを展開していく予定である。

　徳島地域エネルギーは、徳島県内を基本的な活動範囲としつつ、近年特にバイオマス関係では全国規模での活動展開を見せており、その支援対象は自治体、NPO、民間事業者など非常に幅広い。そして支援活動の内容も多様だが、再エネに関する事業スキームや設備導入に関する調査研究・開発、事業の実施主体に対するノウハウ提供や各種作業の代行など、具体的な再エネ事業に対する直接的な支援が活動の中心になっている。

2　日本の中間支援組織の形態

　前節で取り上げた国内の三つの中間支援組織をその体制や成り立ちなどの特徴から整理すると、以下の3タイプに分けることができる。

　①地域ネットワーク型支援組織（北海道再エネ機構）

　②自治体主導型支援組織（下川町クラスター推進部）

　③民間主導型支援組織（徳島地域エネルギー）

　地域ネットワーク型支援組織は、地域内の自治体をはじめとする複数の主体が連携する形で立ち上げた中間支援組織である。このタイプの組織は、全国規模では環境政策に熱心な自治体のネットワーク組織(環境自治体会議等)などいくつか見られるが、特定の地域内で、かつ中間支援活動を行う機能も有するという組織は珍しい。

　自治体主導型支援組織は、自治体が主導あるいは積極的に関与する形で設立・運営されている中間支援組織である。関連する組織として、都道府県や大規模市などが環境政策・保全活動の推進に資する調査研究や普及啓発を行うことを目的に設立した財団法人などの外郭団体が存在している。その一部の組織では、詳しくは後述する地球温暖化防止活動推進センターの事業の一環として、気候保護・エネルギー政策に関連する支援活動を実施している。

　また、都道府県や基礎自治体の一部が設置している「自治体シンクタンク」(牧瀬（2009））も関連組織の一つと捉えられる。同組織は、行政内の一部門や外郭団体として設立され、自治体の政策形成機能や調査研究機能を強化することを目的に、各自治体が抱えている政策課題に関する調査研究、提言、研修などの取り組みを実施している。下川町クラスター推進部もそうした組織の一つと捉えられる。ただ、各組織のウェブサイトなどを確認する限り、現時点では、地域エネルギー政策を主要事業と捉え、支援活動を活発に展開している自治体シンクタンクはそれほど多くない。

　民間主導型支援組織は、NPOなどの市民団体や社会的企業などの民間組織が母体となった中間支援組織である。このタイプの中間支援組織には、徳島地域エネルギーなどのように、自らも再エネ導入などの事業を行い、そこで得られた経験やノウハウを活かす形でほかの主体による取り組みの支援も行

うという組織が少なくない。これまでに述べた3タイプの中間支援組織のなかでは、日本で比較的多く見られる存在である。

3　中間支援組織が活動できる前提条件

　本節では、今後の日本での中間支援組織の方向性について考えていきたい。その前に、前章で紹介したドイツ、オーストリアの中間支援組織がなぜ活発に活動を展開できているのか改めて整理しておきたい。一連の取り組みを振り返ると、その要因は以下のように捉えることができる。

　① EU や国、州などが地域エネルギー政策を推進する上での中間支援組織の必要性を認識し、同組織の整備・強化を促す支援を長年（約 20 年間）にわたり実施してきた。

　②エネルギー政策に関連する多様な地域主体が会員として参加し、資金提供を行うなど、地域内において中間支援組織の運営・活動を支える体制が構築されている。

　③地域内の自治体と密な協力関係を構築することで、エネルギー政策関連の計画策定や推進・進行管理に関する支援事業を継続的に任される状況をつくりだすとともに、それにより一定の事業収入を得ている。

　④ドイツの気候保護マスタープランや気候保護マネージャー、オーストリアの e5 プログラムなど、自治体が地域エネルギー政策に積極的に取り組むことを促進・支援するための包括的な制度が国や州レベルで整備されている。

　いずれの要素も重要と思われるが、特に①や④のような、EU をはじめとする公的セクターによる中間支援組織の設置や自治体の政策展開を促す支援策などが戦略的に進められてきたことが、特に重要な前提条件になっている。

　それに対して、日本でも各省庁や都道府県などによって自治体や地域の主体を対象にしたエネルギー政策・事業促進のための施策が実施されてきたが、それらの多くは単発的で継続性に欠けていたり、担当省庁の違いによって支援対象が特定の分野に限定されているため、使いづらい支援策になっているものが多く、長期的かつ包括的な支援策はあまり見られない、といった課題を抱えている。また、中間支援組織の整備に関しても、設立支援や担い手の

育成等を戦略的・総合的に進めようという動きはほとんど見られず、現時点では、本章で紹介したような少数の先行的な中間支援組織が個別に取り組みを展開している状況にある。

このように中間支援組織が活発に活動できる前提条件の整備が長年積み重ねられてきたドイツ、オーストリアと日本との間には大きな隔たりがあることをまず認識しておく必要がある。残念ながら、そのような前提条件が存在していない現在の日本においては、短期間に中間支援組織の設立が活発化することは現実的には考えにくい。

それらを踏まえると、日本ではまずは各地での地域エネルギー政策自体を活性化させることが不可欠である。そして、それに合わせる形で、国内外の先行的な中間支援組織の事例などを踏まえながら、国や都道府県レベルで中間支援組織の整備・強化について議論を始めることが急がれる。

4　中間支援活動を推進していくための課題

今後、日本で中間支援活動を推進していく上ではいくつかの検討課題がある。以降では、そうした課題に対する筆者の考えについて述べていきたい。

4.1　組織の整備

第一の課題として、中間支援組織の整備をどのような方針のもと推進していくか、というコンセプトが挙げられる。理想的には、各地の自治体や民間組織が主体的・積極的に多様なタイプの中間支援組織を設立していくようになることである。しかし、先述したような日本の現状ではそのようになることは期待しにくい。特に現在の財政状況などを考えると、自治体が主導する形で中間支援組織を新規で設立していくことは容易ではない。

そこで、現実的な選択肢になりそうなのは、既存の関連組織の活用である。現在の日本には、地域エネルギー政策における中間支援組織は少数であるものの、環境政策や地域活性化などの関連分野で中間支援的な活動を展開しているNPOや自治体の外郭団体、シンクタンクなどは各地に一定数存在している。そうした組織が地域エネルギー政策での支援活動にも積極的に参入す

る方策を検討・実施していくことが求められる。

　この中間支援組織の担い手として期待される既存組織の一つとして、「地域地球温暖化防止活動推進センター」（以下、地域センター）を挙げたい。同センターは、「地球温暖化対策の推進に関する法律（温対法）」において、地球温暖化防止の促進を図る主体として都道府県、政令市が地域内の社団もしくは財団、NPO法人を指定することができる、とされている組織である。現在、47都道府県と11市、計58組織が存在している。

　地域センターは、普及啓発や教育などの活動は活発に行っているが、自治体政策に対する支援や調査研究・提言などの活動はあまり活発でないという課題を抱えている（久保田（2015）、木原（2017））。しかし、地域センターは、すでにすべての都道府県と一部の政令市に存在し、地域エネルギー政策と関連する気候保護政策において一定の活動実績がある。地域センターを中間支援活動の担い手として改めて位置づけ、以下で述べるような各種の支援活動を展開することは、地域エネルギー政策における支援組織を全国的に整備していく方策として現実的な選択肢になる。

4.2　強化が必要な取り組み分野・機能

　第二の課題として、地域エネルギー政策における中間支援活動のなかで今後特に強化が必要な取り組み分野・機能が挙げられる。主に以下の三つの分野・機能に関する支援活動の強化が重要になると考えられる。

（1）自治体政策に対する支援

　まず、自治体政策の展開に対する支援活動である。

　これは、地域エネルギー政策のみにとどまらず、各種の政策分野に共通する課題であるが、日本では自治体による政策展開を支える基盤・体制が非常に脆弱である。

　例えば、国内の多くの自治体では、専門職の採用は限定的であり、多くの政策は数年おきの人事異動でさまざまな部署を回り続ける職員によって担われており、各政策の専門家といえる人材はあまり存在していない状況にある。そこで、政策の実施にあたり専門的知見・ノウハウを必要とする場面では、

それを有する専門組織から支援を得ることが多い。その際、一般的にこうした支援の担い手は民間のコンサルタントに委ねられることが多いが、その形態は計画策定などの事業ごとに単発的に任されるのが基本となっている。また、そのコンサルタントが依頼主の自治体から遠く離れた都市に拠点を置いている企業という例も少なくない。

　そのような形態・担い手による支援では、地域の実情やこれまでの取り組み経緯などが十分把握・反映されない、画一的な支援作業に終わってしまうリスクがある。さらに、ほとんどの場合、受託した事業が終了すればそのコンサルタントの関与は終わり、自治体の担当職員も数年すれば人事異動により部署を離れるという日本の現状では、自治体内に地域エネルギー政策に関する知見・ノウハウを蓄積することが難しい状況になっている。

　加えて、日本には、自治体政策に対する支援を重視して活動を展開している地域密着・非営利型の支援組織自体があまり存在していない。これまで日本において中間支援と言うと、主に NPO や市民などを支援対象にした取り組みというイメージで使われてきた印象が強い。

　しかし、前述した日本の現状を踏まえると、自治体を支援対象と捉え、政策展開に積極的に関与していく地域密着型の中間支援組織の存在が日本でも今後不可欠になるのではないだろうか。欧州の中間支援組織や下川町クラスター推進部などのように、特定の自治体政策の支援を継続的に担っていくことで、中間支援組織自身が関連政策の知見・ノウハウを蓄積していき、地域における政策展開の基盤となる役割を担う存在になることが期待される。

　そして、中間支援の担い手と期待される組織が自治体政策に積極的に関与・支援していく上では、その前提として、独自にエネルギー政策に関連する動向や関連する地域の実情を把握・分析し、それをもとに自治体などに対して政策・事業を提案（調査研究・提言）できる、シンクタンク的な機能を有することが重要である。

(2) ネットワーキング・コーディネート機能

　次に、ネットワーキング・コーディネート機能に関する支援活動が挙げられる。前章で述べたが、さまざまな専門性や資源などを有する地域の主体が

相互に連携・補完しあう地域協働型のエネルギー政策を活性化させる上では、その基盤となる地域内でのネットワークの形成や実際の政策・事業実施時における主体間の橋渡し・調整役を担う存在が極めて重要である。欧州の中間支援組織はネットワーク形成に関する活動を積極的に展開していることを紹介した。日本においても本機能に関連する支援活動を活発に展開していくことは不可欠であると考えられる。

(3) 地域ニーズの掘り起こし

　欧州の中間支援組織の活動では、エネルギー・アドバイスサービスや主体間のネットワーク化、自治体政策に対する支援など、いずれの組織においても共通して実施されている事業がいくつか見られた。つまり、欧州では地域エネルギー政策の現場で中間支援組織に求められる活動内容や役割がある程度明確化（定型化）している。一方で日本においては、中間支援組織の数自体が少なく、地域エネルギー政策の歴史が浅いこともあるが、それらについてはまだ明確化しているとは言えない状況にある。

　中間支援組織の具体的な役割や活動内容を検討していく上では、まずは日本の地域社会の各主体がエネルギー政策でいかなる課題を抱え、具体的にどのような支援を求めているのかという、地域の「ニーズ」を中間支援組織自身が把握していくことが不可欠である。オーストリアのエネルギー・チロルでは職員が月に1回は州内の各自治体を回るという取り組みを紹介したが、日本においても自治体や関係組織等のもとに頻繁に出かけ、エネルギー政策の進捗状況や課題意識などに関する情報収集や意見交換を行うことが重要になる。このような取り組みは、中間支援組織の役割を明確化させるだけでなく、地域の主体との信頼関係を醸成する上でも重要である。

　加えて、地域エネルギー政策自体が欧州ほど活発化していない日本においては、ニーズ把握だけにとどまらず、現時点では政策・事業に未着手の段階にある地域に対して、先行事例や支援制度に関する情報提供、具体的な政策・事業の実施提案など、着手に向けた働きかけを行うことも中間支援組織の重要な取り組みになる。

4.3　人材の育成

　最後の課題として、中間支援組織の運営・活動を担う人材の育成を挙げておきたい。筆者が日本の中間支援組織の関係者にインタビュー調査をした際、同組織の運営や活動を担う人材の不足が深刻であるとの声が多く聞かれた。

　本章の事例紹介からわかるように、地域エネルギー政策における中間支援活動を行う上では、再エネ・省エネに関連する専門性だけでなく、協働型の政策・事業を推進するためのコーディネート手法や主体間のコミュニケーション、人材教育など、多様な取り組みに関する知見・ノウハウが必要になってくる。しかし、現在の日本の中間支援組織において多数の職員を雇用できるほどの体力のある組織は少なく、当面は少人数の職員で多様な取り組みをカバーしていかなければならない現状にある。

　現在、再エネ・省エネの事業を直接的に担う人材の育成に関する教育事業はある程度実施されるようになっているが、このような中間支援活動を担う人材の育成を視野に入れた取り組みはほとんどなされていない。欧州では地域密着型の中間支援組織自体を支援する取り組みがEUや国、州などによって実施されており、同組織の職員を対象にしたワークショップなども頻繁に開催されているようである。今後、日本において中間支援活動を推進していく上では、組織体制だけでなく、支援活動を担う人材の育成方策についても検討していくことが強く求められる。

＊1　財団法人下川町ふるさと開発振興公社「クラスター推進部設立の経過と目的」
　　　http://www. shimokawa-zaidan. jp/cluster/index. html

〈参考文献〉
・木原浩貴（2017）「エネルギー／気候保護エージェンシーの役割：ニーダーザクセン州における事例から」『人間と環境』43（2）
・久保田学（2015）「地方自治体の温暖化対策における政策コミュニケーションに関する研究：地域地球温暖化防止活動推進センターの役割に着目して」『環境情報科学』44（1）
・地球温暖化対策に関する地域連携のあり方検討会（2008）「地球温暖化対策に関する地域連携のあり方について」
・地球温暖化防止全国ネット（2016）「全国の地域地球温暖化防止活動推進センター活動集」
・牧瀬稔（2009）『政策形成の戦略と展開：自治体シンクタンク序説』東京法令出版
・吉田文和・田原沙弥香（2015）「北海道における再生可能エネルギー導入に関する意向調査の結果概要」『北海道自治研究』（557）

ENERGY GOVERNANCE

終章
地域エネルギー・ガバナンスの
構築に向けて

平岡俊一

1 「社会的基盤」に辿り着いた経緯

　本書を執筆した筆者らの研究グループは、大学に勤務する研究者 2 名、市民団体と中間支援組織に勤務する実務家 2 名というメンバーで構成されており、2013 年頃から継続的に共同研究を行ってきた。的場と平岡は、大学教員になる前に市民団体での勤務経験を持ち、現在もエネルギー分野をはじめとした各種の地域づくりに関する自治体政策や市民活動の現場に関与しながら研究を行っている。一方、実務家の豊田と木原は、長年エネルギー政策や気候保護政策に関する実践に従事してきたが、近年では学会発表や論文執筆などの研究活動も積極的に行っている。このように筆者らは、研究と実践の現場を行き来しながら共同で活動を進めており、本書もそのようなスタイルで知見の収集と執筆を行った。

　筆者らが共同研究を始めたそもそものきっかけは、2012 年の日本での FIT 導入後、それまで立地地域とあまり関係性のなかった営利企業による大規模な再生可能エネルギー発電事業が各地で次々と展開されるようになったことに危機感を抱いたことにある。こうした事業の中には、企業と立地地域の主体との間で連携や合意形成がなく、売電で得られた利益の多くが地域外に流出してしまうばかりか、地域内の生活環境や景観などに悪影響を及ぼす危険性があるものが少なくない。よって、このような事業が日本の再エネ分野において主流化してしまうことは、持続可能な地域づくりの観点から見て大いに問題があると考えた。

　そうしたなかで、当時の日本では少しずつではあるが、筆者らと同じような問題意識のもと、市民団体、地域組織、自治体などの地域の主体が連携して、地域活性化につなげることを視野に入れた再エネ事業を実行する動きが広がりを見せるようになった。筆者らは、こうした取り組みを「地域協働型再生可能エネルギー事業」と呼び、同事業の促進に貢献することを目的に、そのガバナンス構築のあり方をテーマにした研究を開始することにした。

　研究開始後しばらくは、国内各地で地域協働型再エネ事業を展開する自治体や組織を対象にした事例調査を中心に行っていたが、それに加えて欧州での動向にも関心を持ち、特にドイツ語圏（ドイツ、オーストリア、スイス等）

の地域を定期的に訪問し、インタビュー調査を行うようになった。

　欧州での調査によってまず気づかされたのは、再エネ政策・事業のみが単独で展開されているのではなく、省エネやエネルギー供給事業などを組み合わせて統合的に取り組む「地域エネルギー政策」という分野が確立され、再エネはあくまでも同政策の一環として展開されているのが主流になっていることであった。そのため、日本においても再エネだけに対象を絞るのではなく、より総合的な地域エネルギー政策へと視野を広げて調査・考察を行う必要性を認識するようになった。

　次に、実施されている政策や事業そのものは、エネルギー供給事業など一部の取り組みを除けば、それほど目新しいものではなく、日本でも実践例が見られるが、政策・事業の各地域への広がりや定着の度合いには、欧州と日本との間で圧倒的な差があることがわかった。日本では、依然としてパイオニア的な自治体や市民、社会的企業などによる少数の先行事例にとどまっているような取り組みが、欧州ではすでに一般的な公共政策・事業の一環として、各地の主体により着実に展開されている状態にあった。

　なぜ欧州と日本との間でエネルギー政策においてこのような差が生じているのか？　もちろん EU や各国の方針や自治体の権限などの違いも大きいが、それ以外にも、各地域が有する人材・組織等の資源や自治体などによる取り組みを促す制度など、社会的基盤の整備状況の違いが大きな要因になっているのではないかと考えるようになった。

　これまで、欧州のエネルギー政策・事業に関する具体的事例、政策手法などは日本でも数多く紹介されてきたが、それらの取り組みを生み出し支える、より根本的な基盤の部分にスポットが当てられることはあまりなかった。こうした経緯から、筆者らは地域エネルギー・ガバナンスの構築について、特にそれを支える「社会的基盤」に焦点を当てた調査研究を本格化させるに至った。

2　地域エネルギー・ガバナンスの構築を進める上での課題

　本書のまとめとして、各章で述べてきた欧州と日本での地域エネルギー政

策に関連する取り組みの特徴や課題などを踏まえて、改めて地域エネルギー・ガバナンスの構築を進めていく上で取り組むべき課題について整理しておきたい。

2.1 プレイヤー（担い手）の育成

　前節で述べたような経緯から、本書では欧州の地域の取り組みを数多く紹介しているが、それらの事例から見出された特徴の一つとして、エネルギー政策・事業に関連するプレイヤー（担い手）が地域内に多数存在していることが挙げられる。

　まず、地域エネルギー政策の枠組み（計画など）を整備し、その推進を担う主体として自治体が存在している（これは日本も同様である）。加えて、具体的なエネルギー事業を着実に実行するプレイヤーとして、欧州においては、住民や市民団体、民間企業などの主体以外に、自治体公社やエネルギー協同組合、中間支援組織などの主体が存在している。

　自治体公社は、自治体によって担当している事業分野はさまざまであるが、電力・熱供給事業だけでなく交通事業や住宅整備など、地域づくりに関連する多様な分野においてサービスを提供している公社が見られる。そのような自治体公社が地域エネルギー事業を交通、住宅、都市計画など幅広い分野を横断しながら地域全体で展開する役割を担っている。また、エネルギー協同組合は、地域内の市民をはじめとする多様な主体が気軽にエネルギー事業に参加できる、受け入れ窓口の役割を担っている。

　日本の地域エネルギー政策は、自治体と民間企業が中心的な担い手になっている（これまで地域エネルギーという政策自体が存在していなかったとも言えるが）。欧州の自治体公社やエネルギー協同組合のような、地域づくりへの貢献などの公共的な目的からエネルギー事業を展開する存在については、国内でも近年注目されつつあるものの、一部の市民団体や社会的企業、新たな地域電力会社などに限られ、依然として少数である。今後、日本においても地域エネルギー政策・事業を担うプレイヤーを量・質の両面からいかに増やし、育てていくかが重要な課題である。

2.2 参加型政策形成のプロセス

　地域エネルギー政策の展開プロセスに関しては、欧州、日本ともに先駆的な自治体には共通する部分が見られた。具体的には、まず地域が目指す将来像や具体的な目標、それを実現するための取り組みの重点分野・事業を計画などに明確化させるプロセスを経た上で、政策・事業等の実践に入っている。そうした目標設定、計画作成のプロセスには、地域内の多様な主体が参加し、議論を深めることを通じて、目標・計画内容に関する合意形成や具体化が図られている。このような参加型の政策形成のプロセスを経ることで、地域内でエネルギー政策の目指す到達点や取り組みの方針・理念などが共有され、さまざまな主体が同じ方向を向きながら取り組んでいける状況をつくりだしている。

　自治体の政策形成段階における市民参加の重要性については以前から指摘され続けてきたが、地域社会の多方面に関係主体が存在している地域エネルギー政策は、特にプロセス面への配慮が重要になる分野である。

2.3 政策の実現を支援する人材・制度の構築

　地域エネルギー・ガバナンスを強化していく上で、自治体に期待される役割はやはり非常に大きい。その役割について3章では「enabler（条件を整備し実現する者）」と表現したが、先述した目標や計画をはじめとするエネルギー政策の枠組みの設定、取り組みを推進する際の進行管理、主体間のコーディネートなど、求められる役割は多岐にわたる。しかし、自治体が有する人員や財源などの資源が限られているのは日本、欧州とも状況は同じである。特に欧州では、人口数百〜数千人という日本と比べて小規模な自治体が多い。そうした自治体では行政職員の数も非常に少数であり、自治体のみの力で地域エネルギー政策に取り組み、前述したような役割を担うことは困難である。

　そのため欧州では、地域エネルギー政策に積極的に取り組もうとする自治体を各方面から支援する制度や体制の整備も活発に進められている。その支援制度の内容自体は、筆者らが調査を重ねてきたドイツ、オーストリアにおいても助成金などの財政支援が中心になっているが、特徴的だったのは、多くの制度で専門性を有する人材の雇用・配置に対して手厚い支援が図られて

いる点である。

　さらに、6 章、7 章で詳しく述べたが、自治体の政策プロセスに継続的に同伴し、きめ細かい支援を行う中間支援組織が各地に存在している点も非常に重要である。欧州においては、EU などの政策により 20 年ほど前からこうした中間支援組織が戦略的に整備されていることがわかった。さらに、これらの地域密着型の組織を支援する、中間支援組織のための支援組織やネットワーク組織が EU や国・州レベルで整備されているなど、地域エネルギー政策を推進するための重層的な支援体制が構築されている。

　このように、欧州では、地域内でエネルギー政策の推進を担い支える人材や組織が重要であるという合意が形成され、その整備・強化のために公的な資金等が積極的に投資されている。

　欧州と比較して日本においては、こうした地域エネルギー政策の推進を促し、支える制度や人材・組織などの整備は決定的に不足している。これまでの日本の地域エネルギー政策における国や都道府県などによる支援の多くは、設備導入などのハード整備に対する財政支援であった。一方で、人材や支援体制の整備などのソフト的な支援策はあまり見られなかった。今後、政策・事業手法だけにとどまらず、中長期視点に立った人材、支援体制についても戦略を立て整備していくことが強く求められる。

　なお、こうした自治体の政策を推進するための社会的基盤の整備が十分進んでいない状況は、エネルギー政策に限らず、国内の各種の自治体政策に共通する課題である。これまでこうした課題に注目が集まることはあまりなかったが、今日の日本の地域社会が抱える人口減少や産業停滞などの問題を乗り越えていく上で、自治体による政策展開を支える専門人材、支援体制などの整備・強化は避けて通れないテーマである。よって、こうした社会的基盤の整備・強化については、地域エネルギー政策以外の各種の政策分野に関わる実務家や研究者とも連携しながら、実践していくことが必要である。

2.4　残された課題

　本書では地域エネルギー・ガバナンスとそれを支える社会的基盤についてさまざまな角度から検討したが、まだ十分に論じることができていないテー

マも少なくない。

　例えば、地域エネルギー政策を支える資金の流れ、いわゆるソーシャル・ファイナンスに関する議論である。地域においてエネルギー事業を活発に展開していく上では資金の確保が不可欠になるが、これを支えるために地域内外でどのような資金の流れをつくりだすことができるか、そのなかで地域の金融機関などはいかなる役割を担うことができるのか、といったことについて本書ではあまり論じることができなかった。

　また、本書では人材の重要性を繰り返し指摘してきたが、実際に地域エネルギー政策を展開していく上ではどのような資質・能力を有する人材が必要とされるのか、そのような人材を地域内でどのように育成・確保できるのか、といった点についても踏み込んで論じることはできていない。

　こうした地域における資金の流れや人材の育成・確保などを今後の重要な研究課題として位置づけ、今後も日本における地域エネルギー・ガバナンスの構築や同政策の促進に貢献しうる調査研究に取り組んでいきたい。

謝辞

　まず、欧州での調査の際、通訳・コーディネーターを務めていただいた滝川薫氏（スイス在住ジャーナリスト）、田口理穂氏（ドイツ在住ジャーナリスト）に御礼を申し上げます。両氏には、通訳としてだけでなく、事前に我々のわがままなリクエストを踏まえて、欧州における素晴らしい事例をピックアップしていただき、円滑な調査のために綿密な調整を行っていただきました。両氏の的確な調査事例の選択や調整がなければ、筆者らが本書で掲げる社会的基盤という重要なコンセプトを見出すことはできなかったのではないかと考えています。

　また、日頃からさまざまな形で交流を深めたり、調査にご協力いただいている日本各地の地域エネルギー政策に関わる組織や自治体の関係者各位にも御礼を申し上げます。エネルギー政策・事業などを展開していくことが必ずしも容易ではない環境にある日本において、持続可能な地域の実現に向けて、直面するさまざまな壁を乗り越えながら新しい社会のしくみづくりに積極的に日々取り組んでおられる皆様との意見・情報交換などからは、いつも多くの刺激や示唆をいただいています。

　最後に、本書の出版に際しご尽力いただいた学芸出版社の宮本裕美さんに感謝申し上げます。

2018 年 2 月　　著者一同

　本書は、龍谷大学社会科学研究所共同研究「持続可能な地域づくりに資する地域協働型再生可能エネルギー導入推進のためのガバナンス構築に関する研究」をはじめとする以下の研究補助金・助成金等による研究成果の一部である。
・科研費・基盤研究（C）「地域再生可能エネルギー事業を支える社会的基盤：人材、資金、支援制度の包括的整備」（16K00688）
・科研費・若手研究（B）「「地域協働型」再生可能エネルギー事業推進のための中間支援システムに関する研究」（15K20836）
・日本生命財団環境問題研究助成・平成 25 年度若手研究・奨励研究「持続可能な地域づくりに資する再生可能エネルギー導入事業の評価枠組みと推進方策に関する研究」
・アサヒグループ学術振興財団 2013 年度研究助成「「地域協働型」再生可能エネルギー導入の現状と推進のためのガバナンス構築に関する実証的研究」

的場信敬（まとば　のぶたか）

龍谷大学政策学部准教授。1973 年生まれ。英国バーミンガム大学都市・地域研究センター（CURS）博士課程修了。Ph.D. in Urban and Regional Studies。龍谷大学地域公共人材・政策開発リサーチセンター博士研究員等を経て、2011 年より現職。主な著書に『地域空間の包容力と社会的持続性』（共編著、日本経済評論社）『連携アプローチによるローカルガバナンス』（共編著、日本評論社）など。

平岡俊一（ひらおか　しゅんいち）

北海道教育大学釧路校准教授。1978 年生まれ。立命館大学大学院社会学研究科博士課程後期課程修了。博士（社会学）。特定非営利活動法人気候ネットワーク研究員、龍谷大学地域公共人材・政策開発リサーチセンター博士研究員を経て、2010 年より北海道教育大学釧路校講師、2014 年より現職。主な著書に『市民・地域が進める地球温暖化防止』『地域資源を活かす温暖化対策』（以上、共著、学芸出版社）など。

豊田陽介（とよた　ようすけ）

特定非営利活動法人気候ネットワーク主任研究員。1977 年生まれ。立命館大学大学院社会学研究科博士課程前期課程修了。修士（社会学）。2004 年より現職。龍谷大学、京都ノートルダム女子大学非常勤講師。主な著書に『市民・地域共同発電所のつくり方』（共著、かもがわ出版）、『市民・地域が進める地球温暖化防止』『地域資源を活かす温暖化対策』（以上、共著、学芸出版社）など。

木原浩貴（きはら　ひろたか）

京都府地球温暖化防止活動推進センター事務局長。1977 年生まれ。龍谷大学政策学研究科修士課程修了。修士（政策学）。京都府立大学生命環境科学研究科博士後期課程在学中。2003 年より京都府地球温暖化防止活動推進センターに勤務し、2011 年より現職。龍谷大学非常勤講師、立命館大学授業担当講師。

エネルギー・ガバナンス
地域の政策・事業を支える社会的基盤

2018 年 2 月 28 日　初版第 1 刷発行

著者	的場信敬・平岡俊一・豊田陽介・木原浩貴
発行者	前田裕資
発行所	株式会社 学芸出版社

京都市下京区木津屋橋通西洞院東入
電話 075 - 343 - 0811　〒600 - 8216
http://www.gakugei-pub.jp/
E-mail info@gakugei-pub.jp

装丁	上野かおる
印刷・製本	モリモト印刷

© Nobutaka Matoba, Shunichi Hiraoka, Yosuke Toyota, Hirotaka Kihara 2018
ISBN 978-4-7615-3239-0　　Printed in Japan

本書は龍谷大学社会科学研究所叢書 122 巻として刊行される。

100％再生可能へ！欧州のエネルギー自立地域

滝川薫 編著／村上敦・池田憲昭・田代かおる・近江まどか著

A5判・240頁・本体2200円＋税

脱原発を決めたドイツ、イタリア、スイス、原発を持たないオーストリア、デンマーク。農村から大都市まで、原発や化石燃料に依存しない再生可能エネルギーの聖地をジャーナリストが取材。エネルギーを意識して生きる市民、革新的な政策と事業を実現する地域のイニシアチブ。欧州社会の現実を日本の未来へ。坂本龍一氏推薦。

100％再生可能へ！ドイツの市民エネルギー企業

村上敦・池田憲昭・滝川薫 著

A5判・204頁・本体2200円＋税

ドイツの再生可能エネルギー増産を牽引するのは、地域に密着した企業活動。市民が起こしたエネルギー株式会社、エネルギー組合、自治体のエネルギー公社等、代表的なビジネスモデルを現地のジャーナリストが紹介。エネルギーのしくみを変える社会とは？その実現に必要なことは？エネルギーヴェンデ（大転換）の最前線に探る。

サステイナブル・スイス　　未来志向のエネルギー、建築、交通

滝川薫 著

A5判・224頁・本体2300円＋税

豊かな自然を育む生活文化を背景に、国・自治体の力強いリーダーシップと先進的政策、専門家、企業、市民の熱心な活動が一体となって社会の持続可能性を高めてきたスイス。持続可能なエネルギー利用、快適で美しいエコ建築、クリーンで便利な交通を実現する、小さな環境先進国のポテンシャルを豊富な図版とともに紹介する。

なぜドイツではエネルギーシフトが進むのか

田口理穂 著

四六判・208頁・本体2000円＋税

国民の総意により脱原発を宣言したドイツ。再生可能エネルギーが電力消費量の約3割を占めるまでに普及しているのはなぜか。それは人々の環境意識が高いだけでなく、投資が報われる仕組みや法制度が支えている。市民、企業、行政がどんな取り組みをしているのか、ドイツ・ハノーファー在住の著者が、市民目線で最前線を紹介する。

地域資源を活かす温暖化対策　　自立する地域をめざして

和田武・新川達郎・田浦健朗・平岡俊一・豊田陽介 他著

A5判・224頁・本体2400円＋税

原発に頼らずに温暖化を防止する。CO_2を減らしながら地域を活性化する。これら不可能と思われた両立を実践する地域がある。エネルギーを自給し、持続可能な産業で雇用を生み、環境保全や地産地消の活動を結ぶ。それを可能にする政策や人材。自分たちの持てる資源で自立する、持続する地域づくりを国内外の先進地に探る。

コミュニティパワー　　エネルギーで地域を豊かにする

飯田哲也・環境エネルギー政策研究所(ISEP) 編著　　A5判・208頁・本体2200円＋税

今注目を集める「ご当地エネルギー」。地域主導で自然エネルギー事業を立ち上げ、地域で雇用を生み経済的自立を実現する。自然エネルギーは地域が主体的に自立性を高めるコミュニティパワーとなる。仲間の広げ方、事業主体の立ち上げ方、お金のまわし方など、地域エネルギー事業を成功に導くISEPの哲学とノウハウを解説。